Wortschatz Lernen Französisch – WLF

Band 3

Simone Darlau

Der gemeinsame Wortschatz *DEUTSCH-FRANZÖSISCH*

Les mots partagés *FRANÇAIS-ALLEMAND*

Unter Mitwirkung von Franz Josef Hausmann

Shaker Verlag
Aachen 2005

Bibliografische Information der Deutschen Bibliothek
Die Deutsche Bibliothek verzeichnet diese Publikation in der Deutschen
Nationalbibliografie; detaillierte bibliografische Daten sind im Internet über
http://dnb.ddb.de abrufbar.

Copyright Shaker Verlag 2005
Alle Rechte, auch das des auszugsweisen Nachdruckes, der auszugsweisen
oder vollständigen Wiedergabe, der Speicherung in Datenverarbeitungs-
anlagen und der Übersetzung, vorbehalten.

Printed in Germany.

ISBN 3-8322-4685-1
ISSN 1860-1731

Shaker Verlag GmbH • Postfach 101818 • 52018 Aachen
Telefon: 02407 / 95 96 - 0 • Telefax: 02407 / 95 96 - 9
Internet: www.shaker.de • eMail: info@shaker.de

INHALTSVERZEICHNIS

Vorwort .... S. 5

Wissenschaftliche Einführung .... S. 7

Bibliographie .... S. 10

Les mots partagés **français-allemand**
Wortliste Französisch-Deutsch .... S. 13

Der gemeinsame Wortschatz **Deutsch-Französisch**
Wortliste Deutsch-Französisch .... S. 119

Simone Darlau

Der gemeinsame Wortschatz *Französisch-Deutsch/Deutsch-Französisch.*
Les mots partagés *français-allemand/allemand-français*

Unter Mitwirkung von Franz Josef Hausmann

Vorwort

Man hat oft den Eindruck, es gäbe nicht viele Gemeinsamkeiten zwischen Deutsch als germanischer Sprache und Französisch als romanischer Sprache. Wer aber versucht, das optische Bild der Wörter zu vergleichen, findet überraschend viele Beispiele von Wörtern mit gleicher oder ähnlicher Schreibweise und mit gleicher Bedeutung.

Walther Rathenau hatte es so formuliert: „Denken heißt vergleichen". Das könnte auch Motto meines Versuches sein, in einem Wörterbuch alle oder fast alle deutschen und französischen Wörter aufzulisten, die in Graphie und Bedeutung ähnlich bzw. gleich sind.

Seit vielen Jahren unterrichte ich Französisch als Fremdsprache. Dabei ist mir aufgefallen, dass Schüler oft eine gewisse Angst vor dieser Sprache haben, wobei es meistens die Aussprache ist, die Angst macht. Fehler entstehen besonders häufig gerade bei vermeintlich einfachen Ausdrücken, etwa bei Wörtern, die in beiden Sprachen sehr ähnlich sind.

Ich habe vor einigen Jahren den Versuch gestartet, ein komparatives Wörterbuch Französisch – Deutsch und Deutsch – Französisch zu erstellen. Dieses Wörterbuch enthält Begriffe, die in beiden Sprachen vom Schriftbild her sehr ähnlich, in der Aussprache und teilweise auch Bedeutung jedoch verschieden sind.

Über den Vergleich mit der eigenen Sprache wird so, einerseits, ein unmittelbarer Zugang zur Fremdsprache ermöglicht, anderseits auf Aussprache- und Schreibfallen hingewiesen und ein besseres Sprachgefühl vermittelt.

Meine Idee ist im Kollegium und von meinen Schülern bereits mit großer Begeisterung angenommen worden. Meines Wissens ist ein solches Wörterbuch, das Schülern ein integratives Erlernen der Sprache ermöglicht, bislang nicht auf dem Buchmarkt zu finden.

Interesse für die französische Sprache zu fördern, logisches Denken in den Vordergrund zu rücken, Brücken zu bauen zwischen unseren Völkern, ist nur ein Teil meiner Ziele. Schüler, Studenten oder sonstige sprachinteressierte Menschen werden vielleicht in diesem Buch auch eine Hilfe zum autodidaktischen Studium dieser beiden Sprachen finden, sie werden bewusst lernen, solide und dauerhafte Kenntnisse erwerben, Automatismen ausbauen und, was mir am wichtigsten erscheint, nie mehr glauben, dass sie auswendig lernen müssen.

Nicht die Unterschiede, sondern die Gemeinsamkeiten sollen ans Licht gebracht werden, so werden auch die grammatikalischen Besonderheiten besser und schneller erlernt.

Nürnberg, im Herbst 2005

Simone Darlau

Wissenschaftliche Einführung

von

Franz Josef Hausmann

Simone Darlaus Zusammenstellung von über 5 000 Wörtern, die im Deutschen und Französischen (mehr oder weniger) identisch sind[1], trifft auf eine Zeit reger wissenschaftlicher und didaktischer Diskussion der Interlinguistik, des Interlexikons oder der Interlexis, der Interkomprehension (Klein/Stegmann 2000, Meißner/Meißner/Klein/Stegmann 2004), der Eurokomprehension (Stoye 2000), der Internationalismenforschung (Hausmann/Seibicke 1990, Kolwa 2001, Braun/Kolwa/Schaeder/Volmert 2002), der Europäismenforschung, ja sogar der Nutzung des Fremdworts beim Fremdsprachenerwerb. Vorreiter für den Bereich Deutsch und Französisch war 1978 der französische Germanist Jean-Marie Zemb, der in seiner *Vergleichenden Grammatik Französisch-Deutsch* der lexikalischen *Koinè*, wie er es nannte, einen bedeutenden Abschnitt widmete (Zemb 1978, 796-815). Zemb schrieb an die französische Adresse:

> Il existe une sorte de vocabulaire commun au français et à l'allemand. Les manuels scolaires l'évitent, et ce pour plusieurs raisons : l'accentuation des mots de la *koinè* est relativement aberrante et leur graphie se situe aux confins des deux systèmes graphématiques ; la généralisation des emprunts et des prêts favorise un sabir peu compréhensible et décourage l'effort d'investissement. En revanche, la crainte des faux amis n'est guère fondée. [...] Entre les lexèmes français de la *koinè* et leurs cousins germains, il y a finalement assez peu de différences : quelques douzaines de faux amis, mais quelques milliers de vrais. (797)

---

[1] Wie sind die Listen entstanden? Ausgangspunkt war das zweisprachige Wörterbuch *Pons Großwörterbuch* (Stuttgart: Klett 1993) und darin zuerst die deutsch-französische Nomenklatur, sodann die französisch-deutsche. Zur Kontrolle und Ergänzung wurden benutzt der *Petit Robert* (Paris: Le Robert), zuerst in einer Ausgabe von 1969, dann in der Ausgabe *Nouveau Petit Robert* 1993, ferner das *Deutsche Wörterbuch* von Gerhard Wahrig in der Auflage von 1986. Keine der Listen ist die bloße Umkehrung der anderen.

Und an die deutsche Adresse fügte er hinzu :

> Die *beherrschte Koinè* sollte in der Aneignung des Französischen eine größere Rolle spielen, als ihr üblicherweise zugestanden wird. Die Argumente, welche gegen den massiven Einsatz romanischer Fremdwörter in den Deutschkursen für Frankophone sprechen, lassen sich im umgekehrten Falle gerade umkehren ; um sie auf einen Nenner zu bringen, könnte man sagen, dass die aus den romanischen Sprachen entlehnte *Koinè* linguistisch „französisch" bleibt, also keinen Einblick ins Deutsche gewährt ; d.h. symmetrisch, dass diese *Koinè* für einen Deutschen, der französisch lernt, *schon* „französisch" ist und deswegen einer didaktischen Vorgabe gleichkommt. (796)
>
> Zur *Koinè* gehören etwa 4000 Ausdrücke, unter denen ein gutes Viertel zum „gebildeten" Deutsch gehören dürfte; der Rest gehört verschiedenen Fachsprachen an. (798)

Zemb listet dann 1400 französische und 1400 deutsche Wörter auf, die graphisch identisch oder ähnlich sind, stellt sie aber nicht paarweise zusammen. Ohne Kenntnis von Zemb ist auch Simone Darlau aus ihrer Unterrichtspraxis auf die „didaktische Vorgabe" (neudeutsch „Steilvorlage") gestoßen und hat aus den Wörterbüchern 5500 deutsche Wörter ihren französischen Pendants paarweise gegenübergestellt und umgekehrt. Für die Bezeichnung solcher Wörter, die über die Sprachgrenzen hinaus eine natürliche Verwandtschaft aufweisen, hat sich in der didaktischen Diskussion der Terminus *Kognaten* (englisch *cognates*, französisch *cognates* oder *mots apparentés*) eingebürgert. Simone Darlaus Zusammenstellung ist ein Kognaten-Wörterbuch. Sie darf sich in einer Tradition sehen, in der ihr kein Geringerer als Dwight L. Bolinger vorausgegangen ist, der 1948 „1464 Identical Cognates in English and Spanish" publizierte (Bolinger 1948).

Folgendes sind die Charakteristika von Simone Darlaus deutsch-französisch / französisch-deutschem „Parallexikon" :

1. Es ist **synchronisch**. Damit unterscheidet es sich z.B. von Telling 1987, der die deutschen Wörter mit französischer Etymologie zusammenstellt.
2. Die **Genusangabe** mittels Artikel ist so gewählt, dass sie eindeutig ist : im Deutschen der bestimmte Artikel, im Französischen bei Wörtern mit Initialvokal der unbestimmte

Artikel oder eine Genusangabe mittels „m"/„f". Abweichungen von dieser Regel sind nur dort erlaubt, wo das Genus über die Endung hinreichend bestimmt ist.
3. **Semantisch** ist das Wörterbuch gemäßigt distinktiv. Falsche Freunde (faux amis) werden mit Kurzdefinitionen versehen. Wenn sich die Identität nur auf bestimmte Lesarten (Sememe) bezieht, so wird das in krassen Fällen mit Glosse verdeutlicht. Der unendlichen Komplikation der Ähnlichkeiten kann und will aber nicht nachgegangen werden.
4. Unterschiede in der **Stilebene** wurden nicht (regelmäßig) markiert. Hier bleibt nur die generelle Warnung vor einer naiven Gleichsetzung der Markierungen. Ein Beispiel : das deutsche Fremd- und Fachwort *absorbieren* hat natürlich nicht den gleichen Status wie das gemeinsprachliche französische Wort *absorber*.
5. Im Unterschied zu dem grundsätzlich auf Identität zielenden Ansatz werden bedeutende geographische **Eigennamen** dann aufgenommen, wenn sie orthographische Abweichungen aufweisen. Während ja bei Gattungsnamen (Wörtern) die interlinguale Identität das Überraschende ist, setzt man bei Eigennamen die Identität voraus und es muss deshalb auf kleine oder größere interlinguale Unterschiede hingewiesen werden. Bei der Auswahl waren die Namenlisten von Sachs/Villatte 1968/1979 von großem Nutzen.
6. Die **Ableitungen** wurden nur gemäßigt aufgenommen. Wenn von einer Wortfamilie zumindest ein Mitglied aufgenommen ist, reicht das oft für die automatische Ergänzung durch den Benutzer aus.
7. Zur Begrenzung des Umfangs konnte keinerlei **Vollständigkeit** angestrebt werden. Das Wörterbuch geht mit (zwei mal) 5500 Wörtern bereits weit über die von Zemb angesprochenen 4000 Einheiten hinaus, ganz zu schweigen von den bei Zemb aufgeführten 1400. Theoretisch ist Vollständigkeit ohnehin unmöglich, da sich die Peripherie des Wortschatzes in den zahlreichen Fachsprachen verliert. Schon in Simone Darlaus Listen stehen gelegentlich Wörter, deren Zugewandtheit zur Allgemeinsprache – als wichtigem Selektionskriterium – fraglich erscheinen mag.
8. Das Wörterbuch ist grundsätzlich **bidirektional** gedacht, d.h. beide Teile sollen sowohl dem deutschen wie dem französischen Benutzer dienen. Im Unterschied zu allgemeinen zweisprachigen Wörterbüchern, in denen Bidirektionalität nur schwer zu verwirklichen ist, kann ein Spezialwörterbuch wie dieses sehr wohl sinnvoll danach streben.

Simone Darlaus Wörterbuch kann verstanden werden als Ergänzung zu Schmidt 2005 und Hausmann 2005, die den undurchsichtigen Wortschatz des Französischen im Blick haben (mit Anbindung vieler intralingual durchsichtiger Wörter). Darlau dokumentiert die interlinguale Durchsichtigkeit (Transparenz) des deutschen und französischen Wortschatzes. Was jetzt noch fehlt, wäre eine Auflistung der undurchsichtigen Wörter des Deutschen aus der Sicht des Franzosen.

Bibliographie

BLANCHE-BENVENISTE, Claire/VALLI, André (dir.) (1997), « L'intercompréhension : le cas des langues romanes », *Le Français dans le monde*. Numéro spécial.

BOLINGER, Dwight L. (1948), „1464 Identical Cognates in English and Spanish", *Hispania* 31, 271-279.

BRAUN, Peter/KOLWA, Andrea/SCHAEDER, Burkhard/VOLMERT, J. (2002), *Internationalismen. Studien zur interlingualen Lexikologie und Lexikographie,* Tübingen.

HAUSMANN, Franz Josef (2002a), „Nur nützliche Wörter lernen ! Durchsichtigkeit des Wortschatzes und Optimierung der Wortschatzarbeit", *französisch heute* 33, 256-269.

HAUSMANN, Franz Josef (2002b), « La transparence et l'obstacle. Essai de chrestolexicographie », *Études de linguistique appliquée* 128, 447-454.

HAUSMANN, Franz Josef (2005), *Der undurchsichtige Wortschatz des Französischen. Lernwortlisten für Schule und Studium,* Aachen : Shaker (Wortschatz Lernen Französisch – WLF 2).

HAUSMANN, Franz Josef/SEIBICKE, Wilfried (1990), „119. Das Internationalismenwörterbuch", in Hausmann, F.J./Reichmann, O./Wiegand, H.E./Zgusta, L. (eds), *Wörterbücher. Ein internationales Handbuch zur Lexikographie*. Zweiter Teilband, Berlin : De Gruyter, 1179-1184.

KLEIN, Horst G./STEGMANN, Tilbert D. (2000), *EuroComRom – Die sieben Siebe : Romanische Sprachen sofort lesen können,* Aachen : Shaker (Editiones EuroCom 1).

KOLWA, Andrea (2001), *Internationalismen im Wortschatz der Politik. Interlexikologische Studien zum Wortschatz der Politik in neun EU-Amtssprachen sowie im Russischen und Türkischen,* Frankfurt : Lang.

MEIßNER, Franz-Joseph/MEIßNER, Claude/KLEIN, Horst G./STEGMANN, Tilbert D. (2004), *Les sept tamis. Lire les langues romanes dès le départ. Avec une introduction à la didactique de l'eurocompréhension. Avec CD-Rom,* Aachen : Shaker (Editiones EuroCom 6).

Le Nouveau Petit Robert (1993), Paris, Le Robert.

Petit Robert (1967/1969), Paris, Le Robert.

Pons : Weis Mattutat, Französisch – Deutsch / Deutsch – Französisch (1993), erweiterte Neubearbeitung 1988, Stuttgart : Klett.

Sachs/Villatte (1968/1979), *Langenscheidts Großwörterbuch Französisch.* 2 Teile, Berlin : Langenscheidt.

SCHMIDT, Ulrike (2005), *Wortschatz zum Verstehen : Französisch. Nützliches Wörterbuch für fortgeschrittene Lerner,* Aachen : Shaker (Wortschatz Lernen Französisch – WLF 1) [738 Seiten].

STOYE, S. (2000), *Eurocomprehension : Der romanistische Beitrag für eine europäische Mehrsprachigkeit,* Aachen : Shaker (Editiones EuroCom 2).

TELLING, Rudolf (1987), Französisch *im deutschen Wortschatz. Lehn- und Fremdwörter aus acht Jahrhunderten,* Berlin : Volk und Wissen Volkseigener Verlag [119 Seiten].

WAHRIG, Gerhard (1986), *Deutsches Wörterbuch,* neu herausgegeben von R. Wahrig – Burfeind, Gütersloh : Bertelsmann 1991

ZEMB, Jean M. (1978), *Vergleichende Grammatik Französisch-Deutsch. Comparaison de deux systèmes. Teil 1,* Mannheim : Bibliographisches Institut (Duden-Sonderreihe Vergleichende Grammatiken 1).

Les mots partagés

français-allemand

Les mots partagés *FRANÇAIS-ALLEMAND*

a

un abonnement	das Abonnement
abonner, s'abonner à	abonnieren
un abricot	eine Aprikose
une absinthe	der Absinth
une absolution	eine Absolution
un absolutisme	der Absolutismus
absolutiste	absolutistisch
un absolutiste	ein Absolutist
absorber	absorbieren (techn)
une absorption	eine Absorption
une abstraction	eine Abstraktion
abstrait, abstraite	abstrakt
absurde	absurd
une absurdité	eine Absurdität
un acacia	eine Akazie
une académie	eine Akademie
académique	akademisch
un accent	der Akzent
un accord	der Akkord
une accréditation	eine Akkreditierung
accréditer	akkreditieren
un accumulateur	der Akkumulator
les Açores	die Azoren
un acousticien	der Akustiker
une acoustique	eine Akustik
un, une acrobate	der Akrobat
acrobatique	akrobatisch
un acte	der Akt
actif, active	aktiv
une action	eine Aktion, eine Aktie
une activation	eine Aktivierung
activer	aktivieren
une activité	eine Aktivität
une actualité	eine Aktualität
actualiser	aktualisieren
actuel, actuelle	aktuell
une acuponcture	eine Akupunktur
une addition	eine Addition
adéquat, adéquate	adäquat
adhésif, adhésive	adhäsiv
une adhésion	eine Adhäsion
l'Adige	die Etsch
un adjectif	das Adjektiv
adopter	adoptieren
une adresse	eine Adresse

Les mots partagés *FRANÇAIS-ALLEMAND*

l'Adriatique	die Adria
un adverbe	das Adverb
adverbial, adverbiale	adverbial
un aérobic	das Aerobic
une aérodynamique	eine Aerodynamik
aérodynamique	aerodynamisch
une affaire	eine Affäre
l'Afrique	Afrika
africain, africaine	afrikanisch
une agence	eine Agentur
un agent	der Agent
une agonie	eine Agonie
un agrégat	das Aggregat
Aix-la-Chapelle	Aachen
une alarme	der Alarm
un Albanais, -e	ein, -e Albaner,-in
l'Albanie	Albanien
un album	das Album
une alchimie	eine Alchimie
un alchimiste	ein Alchimist
un alcool	der Alkohol
alcoolique	alkoholisch
un alcoolique	ein Alkoholiker
un alcoolisme	der Alkoholismus
une algèbre	eine Algebra
Alger	Algier
l'Algérie	Algerien
algérien, algériennne	algerisch
un Algérien, une Algérienne	ein Algerier, eine Algerierin
un algorithme	der Algorithmus
une algue	eine Alge
alias	alias
un alibi	das Alibi
Allah	Allah
une allée	eine Allee
une allégorie	eine Allegorie
allégorique	allegorisch
une allergie	eine Allergie
allergique	allergisch
un alligator	der Alligator
une allitération	eine Alliteration
allô !	hallo !
un aloès	eine Aloe
les Alpes	die Alpen
un alphabet	das Alphabet
alphabétique	alphabetisch
un alpiniste	ein Alpinist
l'Alsace	das Elsaß

Les mots partagés *FRANÇAIS-ALLEMAND*

l'Alsace-Lorraine	Elsaß-Lothringen
un altruisme	der Altruismus
un altruiste	ein Altruist
altruiste	altruistisch
un amalgame	das Amalgam
amalgamer	amalgamieren
une amaryllis	eine Amaryllis
une amazone	eine Amazone
l'Amazone	der Amazonas
un ambre	eine Ambra/der Amber
une ambroisie	eine Ambrosia (Götterspeise)
une ambulance	eine Ambulanz
un,-e Américain, -e	ein,-e Amerikaner,-in
américaniser	amerikanisieren
une américanisation	eine Amerikanisierung
l'Amérique	Amerika
un améthyste	der Amethyst
un amiral	der Admiral
un ammoniac, un ammoniaque	das Ammoniak
une amnésie	eine Amnesie
une amnistie	eine Amnestie
amnistier	amnestieren
amorphe	amorph
un ampère	das Ampere
amphibie	amphibisch
une amphibie	eine Amphibie
un amphithéâtre	das Amphitheater
une amphore	eine Amphore
une ampoule	eine Ampulle
une amputation	eine Amputation
amputé	amputiert
amputer	amputieren
une amulette	ein Amulett
amuser, s'amuser	(sich) amüsieren
un anabolisme	ein Anabolismus
anachronique	anachronistisch
un anachronisme	der Anachronismus
une anacoluthe	der Anakoluth
un anaconda	eine Anakonda
une anagramme	das Anagramm
anal, anale	anal
une analogie	eine Analogie
analogique	analog
un, une analphabète	ein Analphabet
une analyse	eine Analyse
analyser	analysieren
un ananas	eine Ananas
une anarchie	eine Anarchie

Les mots partagés *FRANÇAIS-ALLEMAND*

anarchique	anarchisch
un anarchisme	der Anarchismus
un anarchiste	ein Anarchist
une anatomie	eine Anatomie
anatomique	anatomisch
Ancône	Ancona
l'Andalousie	Andalusien
les Andes	die Anden
Andorre	Andorra
une anecdote	eine Anekdote
une anémie	eine Anämie
une anémone	eine Anemone
une anesthésie	eine Anästhesie
anesthésier	anästhesieren
un anesthésiste	ein Anästhesist
une angine	eine Angina
anglais	englisch
un Anglais, une Anglaise	der Engländer, die Engländerin
l'Angleterre	England
une anglomanie	eine Anglomanie
les îles Anglo-Normandes	die Kanalinseln
anglo-saxon	angelsächsisch
un angora	eine Angora(wolle)
un anis	der Anis
une ankylose	eine Ankylose
une annonce	eine Annonce
un anonymat	eine Anonymität
anonyme	anonym
un anorak	der Anorak
anormal, anormale	anormal, anomal
antarctique	antarktisch
l'Antarctique	die Antarktis
une antenne	eine Antenne
une anthologie	eine Anthologie
un anthracite	der Anthrazit
antidémocratique	antidemokratisch
antifasciste	antifaschistisch
les Antilles	die Antillen
une antilope	eine Antilope
un antimilitarisme	der Antimilitarismus
Antioche	Antiochia
antique	antik
un antonyme	das Antonym
Anvers	Antwerpen
une aorte	eine Aorta
le val d'Aoste	das Aostatal
une apathie	eine Apathie
un apéritif	der Aperitif

Les mots partagés *FRANÇAIS-ALLEMAND*

un aphorisme	der Aphorismus
une apocalypse, l'Apocalypse	eine Apokalypse
apocalyptique	apokalyptisch
une apostrophe	der Apostroph
une apothéose	eine Apotheose
un appareil	der Apparat
un appartement	das Appartement
un appel	der Appell
un aquaplaning	das Aquaplaning
une aquarelle	das Aquarell
un, une arabe	ein Araber, -in
arabe	arabisch
l'Arabie	Arabien
un arbitrage	eine Arbitrage
une arcade	eine Arkade (Bogenwölbung)
archaïque	archaisch
archaïser	archaisieren
un archaïsme	der Archaismus
une archéologie	die Archäologie
archéologique	archäologisch
un archéologue	ein Archäologe
un architecte	ein Architekt
architectonique	architektonisch
archiver	archivieren
les archives	das Archiv
arctique	arktisch
l'Arctique	die Arktis
les Ardennes	die Ardennen
une arène	eine Arena
l'Argentine	Argentinien
l'Argovie	der Aargau
un argument	das Argument
argumenter	argumentieren
un arlequin	der Harlekin
une armature	eine Armatur
une armée	eine Armee
l'Arménie	Armenien
un/une arnica	eine Arnika
un arôme	das Aroma
une arrogance	eine Arroganz
un arsenal	das Arsenal
une artère	eine Arterie
un artichaut	eine Artischocke
un article	der Artikel
une artillerie	eine Artillerie
un, une artiste *(Künstler)*	ein Artist *(Zirkusakrobat)*
une ascendence	eine Aszendenz
une ascèse	eine Askese

Les mots partagés *FRANÇAIS-ALLEMAND*

un ascète	der Asket
ascétique	asketisch
un ascétisme	eine Askese, eine Asketik/Aszetik
un asiate	ein Asiat
asiatique	asiatisch
l'Asie	Asien
un aspect	der Aspekt
un asphaltage	eine Asphaltierung
asphalter	asphaltieren
un aspic (de volaille, de poisson)	ein Aspik
une aspirine	das Aspirin, die Aspirintablette
une assimilation	eine Assimilierung
assimiler	assimilieren
Assise	Assisi
une asthénie	eine Asthenie
asthénique	asthenisch
asthmatique	asthmatisch
un, une asthmatique	ein Asthmatiker
une astrologie	eine Astrologie
astrologique	astrologisch
un astrologue	ein Astrologe
un astronaute	ein Astronaut
un astronome	ein Astronom
une astronomie	eine Astronomie
astronomique	astronomisch
une astrophysique	eine Astrophysik
une asymétrie	eine Asymmetrie
asymétrique	asymmetrisch
un atelier (d'artiste)	das Atelier
un athée	ein Atheist
un athéisme	der Atheismus
Athènes	Athen
l'Atlantide	Atlantis
atlantique	atlantisch
l'Atlantique	der Atlantik
une atmosphère	eine Atmosphäre
un atome	das Atom
un attentat	das Attentat
une attraction	eine Attraktion
une attestation	das Attest
Augsbourg	Augsburg
l'Australie	Australien
australien, australienne	australisch
un auteur	ein Autor
authentique	authentisch
une auto	ein Auto
un autobus	ein Autobus
autochtone, un autochtone	autochthon, der Autochthone (Ureinwohner)

Les mots partagés *FRANÇAIS-ALLEMAND*

un autodidacte	der Autodidakt
autodidacte	autodidaktisch
un automate	der Automat
automatique	automatisch
une automatisation	eine Automatisierung
un automatisme	der Automatismus
un automobile	das Automobil
autonome	autonom
une autonomie	eine Autonomie
l'Autriche	Österreich
une avarie	eine Havarie
une aventure	ein Abenteuer
avril	der April
axial	axial
un axiome	das Axiom
une azalée	eine Azalee
un azur	der Azur

b

Babylone	Babylon
le bacille	der Bazillus
la bactérie	die Bakterie
la bactériologie	die Bakteriologie
le pays de Bade	Baden
le Bade-Wurtemberg	Baden-Württemberg
la bagatelle	die Bagatelle
la baguette	die/das Baguette
la baïonnette	das Bajonett
le bal	der Ball
le lac Balaton	der Plattensee
le balcon	der Balkon
Bâle	Basel
les Baléares	die Balearen
la balistique	die Ballistik
balistique	ballistisch
les Balkans	der Balkan
ballade	die Ballade
la balle	der Ball
le ballet	das Ballett
le ballon	der (Luft-) Ballon
balte, baltique	baltisch
les pays Baltes	das Baltikum
la mer Baltique	die Ostsee
le bambou	der Bambus
banal, banale	banal
la banalité	die Banalität

Les mots partagés *FRANÇAIS-ALLEMAND*

la banane	die Banane
le banc	die Bank
la bande	die Bande
le bandit	der Bandit
la banque	die Bank
la banqueroute	der Bankrott
le banquet	das Bankett
la banquette	(Sitz-) Bank
le banquier	der Bankier
le bar	die Bar
la baraque	die Baracke
barbare, le barbare	barbarisch, der Barbar
la barbe	der Bart
Barcelone	Barcelona
le baron	der Baron
baroque	barock
la base	die Basis
baser, se baser	basieren
le basilic	das Basilikum
la basilique	die Basilika
basique	basisch
le basketball	der Basketball
le, la basque	der Baske
basque	baskisch
le Pays Basque	das Baskenland
le bas-relief	das Basrelief
la basse	der Bass
la bastonnade	die Bastonade (Prügelstrafe)
le bâtard	der Bastard
le bataillon	das Bataillon
le batiste	der Batist (feines Gewebe)
la batterie	die Batterie
la bauxite	der Bauxit
le bazar	der Bazar/Basar
bavarois, bavaroise	bay(e)risch
la Bavière	Bayern
le beau	der Beau
le beaujolais	der Beaujolais
la beauté	die Beauté
le bébé	das Baby
la béchamel	die Béchamelsoße
beige	beige
belge	belgisch
la Belgique	Belgien
Belgrade	Belgrad
la belladone	die Belladonna
le bénéfice	das Benefiz
la benzine	das Benzin

Les mots partagés *FRANÇAIS-ALLEMAND*

le benzol	das Benzol
la Béotie	Böotien
berlinois, berlinoise	Berliner, -in; berlinisch
les Bermudes	die Bermudas
Berne	Bern
bestial, bestiale	bestialisch
la bestialité	die Bestialität
Bethléem	Bethlehem
le béton	der Beton
Beyrouth	Beirut
la Bible	die Bibel
la bibliographie	die Bibliographie/-f-
bibliographique	bibliographisch/-f-
le, la bibliothécaire	der(e) Bibliotekar(-in)
la bibliothèque	die Bibliothek
biblique	biblisch
le biceps	der Bizeps
la biennale	die Biennale
la bière	das Bier
le bifteck	das Beefsteak
la bigamie	die Bigamie
le bikini	der Bikini
le bilan	die Bilanz
bilatéral	bilateral
le billard	das Billard
le billion	die Billion
le binôme	der Binom
la biochimie	die Biochemie
la biographie	die Biographie/-f-
biographique	biographisch/-f-
la biologie	die Biologie
biologique	biologisch
le biologiste	der Biologe, die Biologin
la bionique	die Bionik
le biotope	der/das Biotop
la Birmanie	Birma, Burma
le biscuit	das/der Biskuit
le bison	der Bison
le bistrot	das Bistro
le bitume	das Bitumen
bizarre	bizarr
le bizness	das Business
le blazer	der Blazer
le bloc	der Block
le bloc-moteur	der Motorblock
le blocus	die Blockade
blond	blond
bloquer	blockieren

Les mots partagés *FRANÇAIS-ALLEMAND*

la blouse	die Bluse
le blouson	das/der Blouson
la Bohême	Böhmen
bohémien, -ne	böhmisch
le bohémien	der Böhme, die Böhmin (auch: fahrendes Volk)
la Bolivie	Bolivien
Bologne	Bologna
Bolzano	Bozen
le bombardement	die Bombardierung
la bombe	die Bombe
le bonbon	das Bonbon
le bonze	der Bonze
le boom	der Boom
à bord	an Bord
bordelais, -e	aus Bordeaux
la Bosnie	Bosnien
le Bosphore	der Bosporus
la botanique	die Botanik
botanique	botanisch
le golfe de Botnie	der Bottnische Meerbusen
bouddhique	buddhistisch
la bouillabaisse	die Bouillabaisse
le bouillon	die Bouillon
le bouledogue	die Bulldogge
le boulevard	der Boulevard
la boulimie	die Bulimie
le bourgmestre	der Bürgermeister
la Bourgogne	Burgund
la boutique	die Boutique/Butike
le boycottage	der Boykott
le Brandebourg	Brandenburg
Brême	Bremen
le Brésil	Brasilien
brésilien, -ne	brasilianisch, Brasilianer, -in
breton, -ne	bretonisch, Bretone, -in
le bréviaire	das Brevier
le bridge	das Bridge
le brie	der Briekäse
le brillant	der Brillant
la brioche	die Brioche
le Brisgau	der Breisgau
britannique	britisch, Brite, -in
le brocart	der Brokat
la broche	die Brosche
la bronche	die Bronchie
le bronze	die Bronze
Bruges	Brügge
brun, brune	braun

Les mots partagés *FRANÇAIS-ALLEMAND*

la brunette	die Brünette
Brunswick	Braunschweig
brusque	brüsk
brutal, brutale	brutal
Bruxelles	Brüssel
le budget	das Budget
le buffet	das Büfett
le buffle	der Büffel
le bulgare	der Bulgare, -in
bulgare	bulgarisch
la Bulgarie	Bulgarien
le bulldozer	der Bulldozer
le bunker	der Bunker
le bureau	das Büro
burlesque	burlesk
le bus	der Bus
le buste	die Büste
Byzance	Byzanz
byzantin, byzantine	byzantinisch

C

la cabale	die Kabale
le cabaret	der Kabarett (Kleinkunstbühne)
la cabine	die Kabine
le cabinet	der Kabinett
le câble	der Kabel
le cacao	der Kakao
le Cachemire	Kaschmir
le cactus	der Kaktus
le cadastre	der/der Kataster (Grundbuch)/der Katasteramt
le cadet	der Kadett
le café	der Kaffee/der Café
le Caire	Kairo
la Calabre	Kalabrien
le calcaire	der Kalk, kalkartig, Kalkstein, Kalkerde
Calcutta	Kalkutta
le calendrier	der Kalender
le calibre	der Kaliber
la Californie	Kalifornien
la calorie	die Kalorie
le calumet	das Kalumet
le Calvaire	der Kalvarienberg
le, la camarade	der/die Kamerad, -in
la camaraderie	die Kameraderie
le Cambodge	Kambodscha
le caméléon	das Chamäleon

Les mots partagés FRANÇAIS-ALLEMAND

le camélia	die Kamelie
la caméra	die Kamera
le, la Camerounais, -e	der, –e Kameruner, -in
camerounais, -e	kamerunisch
le Cameroune	Kamerun
la camomille	die Kamille
le camping	das Camping
le Canada	Kanada
le, la Canadien, -ne	der, -e Kanadier, -in
canadien, -ne	kanadisch
le canal	der Kanal
le canapé	das Kanapee
le cancan	der Cancan
le canari	der Kanarienvogel
les Canaries	die Kanarischen Inseln
le, la candidat, -e	der, -e Kandidat, -in
la candidature	die Kandidatur
le cannibale	der Kannibale
le canoë	das Kanu
le canon	der Kanon; die Kanone
la cantine	die Kantine
la canule	die Kanüle
le caoutchouc	der Kautschuk
Le Cap	Kapstadt
capillaire	kapillar
le capitaine	der Kapitän
le capital	das Kapital
la capitulation	die Kapitulation
capituler	kapitulieren
la capsule	die Kapsel
le capucin	der Kapuziner
les îles du Cap-Vert	die Kapverdischen Inseln
la Caraïbe	die Karibik
la carabine	der Karabiner
le caractère	der Charakter
caractériel, -le	charakterlich ; verhaltensauffällig
caractériser	charakterisieren
caractéristique	charakteristisch
la caractéristique	die Charakteristik
la carafe	die Karaffe
caramboler	karambolieren
le caramel	der Karamell
caraméliser	karamellisieren
le carat	der Karat
la caravane	die Karawane
caricatural, -e	karikaturistisch
la caricature	die Karikatur
caricaturer	karikieren

le caricaturiste	der Karikaturist
la carie	die Karies
la Carinthie	Kärnten
le carme	der Karmelit
le carmel	der Karmeliterorden
un carmel	das Karmeliterkloster
le mont Carmel	der Karmel
un, une carmélite	der Karmeliter, die Karmeliterin
carminé, -e	karminrot
le carnaval	der Karneval
la carotte	die Karotte
les Carpates	die Karpaten
la carrière	die Karriere
le carrousel	das Karussell
le cartel	der Kartell
Carthage	Karthago
le cartographe	der Kartograph, -f-
la cartographie	die Kartographie, -f-
le carton	der Karton
la caserne	die Kaserne
la casserole	die Kasserolle
la cassette	die Kassette
le casino	das Casino
la mer Caspienne	das Kaspische Meer
la caste	die Kaste
la Castille	Kastilien
la Catalogne	Katalonien
le catalogue	der Katalog
cataloguer	katalogisieren
Catane	Catania
la catapulte	das Katapult
catapulter	katapultieren
la catastrophe	die Katastrophe
catastrophique	katastrophal
la catégorie	die Kategorie
catégoriel, -le	kategorial
catégorique	kategorisch
la cathédrale	die Kathedrale
le catholicisme	der Katholizismus
catholique	katholisch
le Caucase	der Kaukasus
causal, causale	kausal
la caution	die Kaution
la cavalerie	die Kavallerie
le cavalier, -ère	der Kavalier, der Kavallerist
la caverne	die Kaverne
le caviar	der Kaviar
la cédille	die Cedille

Les mots partagés *FRANÇAIS-ALLEMAND*

le cèdre	die Zeder
le céleri	der Sellerie
celte	keltisch
le ciment	der Zement
le censeur	der Zensor
la censure	die Zensur
le cent	der Cent
le centaure	der Zentaur
la centime	die Centime
le centimètre	der Zentimeter
le centrage	die Zentrierung
central, centrale	zentral
le centre	das Zentrum
centrifuge	zentrifugal
centripète	zentripetal
la céramique	keramisch, die Keramik
le, la céramiste	der Keramiker, -in
le cerbère	der Zerberus
le cérémonial	das Zeremoniell
la cérémonie	die Zeremonie
le mont Cervin	das Matterhorn
césarien	cäsarisch
la césure	die Zäsur
Ceylan	Ceylon
le chacal	der Schakal
le châle	der Schal
la chaloupe	die Schaluppe
le chameau	das Kamel
le champion	der Champion
la chance	die Chance
le chancelier	der Kanzler
la chancellerie	die Kanzlei, das Kanzleramt
la chanson	das Chanson
la chansonnette	die Chansonnette
le chantre	der Kantor
le chaos	das Chaos
chaotique	chaotisch
le chapelain	der Kaplan
le chapiteau	das Kapitell
le chapitre	das Kapitel
le charlatan	der Scharlatan
charmant	(s)charmant
le charme	der Scharm, der Charme
la charnière	das Scharnier
la charte	die Charta
la chartreuse	das Kartäuserkloster, die Chartreuse
(le) chauvin	chauvinistisch, der Chauvinist
le chauvinisme	der Chauvinismus

Les mots partagés *FRANÇAIS-ALLEMAND*

la check-list	die Checkliste
le chef	der Chef
le chèque	der Scheck
chic	chic
Chicago	Chikago
la chicane	die Schikane
chicaner	schikanieren
le chicaneur	der Schikaneur
la chicorée	die Zichorie
le chiffre	die Ziffer
le Chili	Chile
chilien, -ne	chilenisch
le Chilien, -ne	der Chilene, die Chilenin
la chimie	die Chemie
chimique	chemisch
le, la chimiste	der Chemiker, die Chemikerin
la Chine	China
chinois, -e	chinesisch
le Chinois, -e	der Chinese, die Chinesin
la chirurgie	die Chirurgie
chirurgical, chirurgicale	chirurgisch
le chirurgien	der Chirurg
le chlore	das Chlor
le chloroforme	das Chloroform
la chlorophyle	das Chlorophyll
le choc	der Schock
le chocolat	die Schokolade
le chœur	der Chor
choquer	schockieren
le choral	der Choral
le Christ	Christus
le chrome	das Chrom
(la) chronique	chronisch, die Chronik
la chronologie	die Chronologie
chronologique	chronologisch
le chronomètre	der Chronometer
le chrysanthème	die Chrysantheme
Chypre	Zypern
la cigare	die Zigarre
la cigarette	die Zigarette
le cigarillo	der Zigarillo
la Cilicie	Kilikien
le ciment	der Zement
la cinémathèque	die Kinemathek
la cinématique	die Kinematik (Bewegungslehre)
la cinématographie	die Kinematographie, -f-
cinématographique	kinematographisch, -f-
la cinérama	das Cinerama

Les mots partagés *FRANÇAIS-ALLEMAND*

le cirque	der Zirkus
la citadelle	die Zitadelle
la citation	das Zitat
citer	zitieren
la citerne	die Zisterne
la cithare	die Zither
le citron	die Zitrone
civil, civile	zivil
civilisateur,-trice	zivilisatorisch
la civilisation	die Zivilisation
civiliser	zivilisieren
clair	klar
le clan	der Clan
le clapet	die Klappe (Ventil)
la classe	die Klasse
la classification	die Klassifizierung
(le) classique	klassisch, der Klassiker
la clause	die Klausel
Clèves	Kleve
le clichage	das Klischieren
le cliché	das Klischee
clicher	klischieren
le, la client, cliente	der, -e Klient, -in
le climat	das Klima
climatique	klimatisch
climatiser	klimatisieren
climatologique	klimatologisch
le clinicien	der Kliniker
(la) clinique	klinisch, die Klinik, das Klinikum
le clip	der Klipp, der Klips
la clique	die Clique
le cloaque	die Kloake
le clown	der Clown
la clownerie	die Clownerie
le club	der Klub
coaliser	koalieren, koalisieren
la coalition	die Koalition
Coblence	Koblenz
Cobourg	Coburg
la cocaïne	das Kokain
la cocarde	die Kokarde
le cockpit	das Cockpit
le codage	das Kodieren
coder	kodieren
la codéine	das Kodein
la coéducation	die Koedukation
le coefficient	der Koeffizient
la coexistence	die Koexistenz

Les mots partagés FRANÇAIS-ALLEMAND

le cognac	der Kognak
la cohésion	die Kohäsion
Coïmbre	Coimbra
la coïncidence	die Koinzidenz
Coire	Chur
colérique	cholerisch
la colique	die Kolik
le collaborateur	der Kollaborateur
le collage	die Collage
la collecte	die Kollekte
la collection	die Kollektion (Sammlung)
le Sacré Collège	das Kardinalskollegium
collégial, -e	kollegial
le, la collègue	der Kollege, die Kollegin
la collégialité	die Kollegialität
le collier	das Kollier
la collision	die Kollision
le colloque	das Kolloquium
Cologne	Köln
la Colombie	Kolumbien
colombien	kolumbianisch, ein Kolumbianer
colonial, –e	kolonial
le colonialisme	der Kolonialismus
le colonialiste	der Kolonialist
la colonie	die Kolonie
la colonisation	die Kolonisierung
coloniser	kolonisieren
la colonne	die Kolonne
colorier	kolorieren
le coloris	das Kolorit
colossal, colossale	kolossal
le colportage	die Kolportage (Verbreitung)
colporter	kolportieren
le colporteur	der Kolporteur
le coma	der Koma
la combinaison	die Kombination
combiner	kombinieren
le lac de Côme	der Comer See
la comédie	die Komödie
la comète	der Komet
comique	komisch
le comité	das Komitee
le commandant	der Kommandant
le commandeur	der Kommandeur
le commanditaire	der Kommanditär
le commando	das Kommando
le commentaire	der Kommentar
le commentateur	der Kommentator,-in

Les mots partagés FRANÇAIS-ALLEMAND

commenter	kommentieren
le commissaire	der Kommissar
la commission	die Kommission
le commissionnaire	der Kommissionär
la commode	die Kommode
communal, -e	kommunal
la Commune	die Kommune (1871)
la communion	die Kommunion
le communisme	der Kommunismus
le, la communiste	der, -e Kommunist, -in
communiste	kommunistisch
les Comores	die Komoren
compact, -e	kompakt
la compagnie	die Kompanie
la compensation	die Kompensierung
compenser	kompensieren
la compétence	die Kompetenz
la complémentarité	die Komplementarität
le complexe	der Komplex
complexe	komplex
la complication	Komplikationen (pl.)
le, la complice	der, -e Komplize, -zin
le compliment	das Kompliment
compliquer	komplizieren
le compositeur	der Komponist
le compost	der Kompost
la compote	das/der Kompott
la compresse	die Kompresse
le compresseur	der Kompressor
la compression	die Kompression
le compte	das Konto
concave	konkav
le concept	das Konzept
la conception	die Konzeption, die Konzipierung
la concentration	die Konzentration
le concert	das Konzert
la concertation	die Konzertierung
la concession	die Konzession
le concessionnaire	der Konzessionär
concis, concise	konzis
la concordance	die Konkordanz
concourir	konkurrieren
concret, concrète	konkret
la concurrence	die Konkurrenz
le, -e concurrent, -e	der, -e Konkurrent, -in
le condensateur	der Kondensator
condenser	kondensieren
la condition	die Kondition

Les mots partagés FRANÇAIS-ALLEMAND

le conditionnel	das Konditional
la confection	die Konfektion
la confédération	die Konföderation
la conférence	die Konferenz
conférer	konferieren
la configuration	die Konfiguration
la confirmation	die Konfirmation, die Firmung
confirmer	konfirmieren
la confiscation	die Konfiszierung
confisquer	konfiszieren
la confiture	die Konfitüre
le conflit	der Konflikt
le conformisme	der Konformismus
le, la conformiste	der Konformist
conformiste	konformistisch
le confort	der Komfort
confortable	komfortabel
la confrontation	die Konfrontation
confus, confuse	konfus
la confusion	die Konfusion
le conglomérat	das Konglomerat
le Congo	der Kongo
la congrégation	die Kongregation
le congrès	der Kongress
congru, congrue	kongruent
le conifère	die Konifere, Koniferen (pl)
conique	konisch
la conjonction	die Konjunktion
la conjonctivite	die Konjunktivitis
la conjoncture	die Konjektur
conjoncturel, -le	konjunkturell
la conjugaison	die Konjugation
conjuguer	konjugieren
le consensus	der Konsens
la conséquence	die Konsequenz
conséquent,-e	konsequent
le conservateur, la conservatrice	der, -e Konservator, -in
conservateur, conservatrice	konservativ
le conservatisme	der Konservatismus
le conservatoire	das Konservatorium
la conserve	die Konserve
conserver	konservieren
le consommateur, la consommatrice	der, -e Konsument, -in
Constance	Konstanz
le lac de Constance	der Bodensee
Constantinople	Konstantinopel
la constellation	die Konstellation
la constipation	die Konstipation

Les mots partagés *FRANÇAIS-ALLEMAND*

le constructeur, la constructrice	der Konstrukteur
la construction	die Konstruktion
construire	konstruieren
le consul	der Konsul
le consulat	der Konsulat
le contact	der Kontakt
le container	der Container
le contexte	der Kontext
le contingent	das Kontingent
le contour	die Kontur
le contraste	der Kontrast
le contrôle	die Kontrolle
le contrôleur	der Kontrolleur
contrôler	kontrollieren
la controverse	die Kontroverse
la convalescence	die Rekonvaleszenz
la convention	die Konvention
le conventionnalisme	der Konventionalismus
conventionnel,-le	konventionell
la convergence	die Konvergenz
convergent,-e	konvergierend
converger	konvergieren
la conversation	die Konversation
le converti, la convertie	der Konvertit
convertible	konvertierbar
le convertisseur	der Konverter
convexe	konvex
le coolie	der Kuli
coopératif,-ve	kooperativ
le coordinateur	der Koordinator
la coordination	die Koordinierung
les coordonnées	die Koordinaten (pl)
Copenhague	Kopenhagen
la copie	die Kopie
copier	kopieren
coquet, coquette	kokett
coquetter	kokettieren
le corail	die Koralle
la corbeille	der Korb
Cordoue	Córdoba
la Corée	Korea
coréen, -ne	koreanisch
le Coréen, -ne	der, -e Koreaner, -in
Corfou	Korfu
Corinthe	Korinth
corinthien	korinthisch
le cormoran	der Kormoran
le cornet	der Kornett

Les mots partagés *FRANÇAIS-ALLEMAND*

la Cornouailles	Cornwall
la Corogne	La Coruña
corporel, corporelle	körperlich
le corps	der Körper; die Leiche
la corpulence	die Korpulenz
le corpus	der Korpus
correct, correcte	korrekt
le correctif	das Korrektiv
correctif, corrective	korrektiv
la correction	die Korrektur
la corrélation	die Korrelation
la correspondance	die Korrespondenz
le correspondant,-e	der Korrespondent, -in
le corridor	der Korridor (Gang, Flur)
corriger	korrigieren
corroder	korrodieren
la corrosion	die Korrosion
la Corse	Korsika
le, la Corse	der Korse, die Korsin
corse	korsisch
le corset	das Korsett
le cortisone	das Cortison
la corvette	die Korvette
cosmétique	kosmetisch
cosmique	kosmisch
le, la cosmonaute	der Kosmonaut
cosmopolite	kosmopolitisch
le, la cosmopolite	der Kosmopolit
le cosmos	der Kosmos
le costume	das Kostüm (Verkleidung)
costumer	kostümieren
la Côte-d'Ivoire	die Elfenbeinküste
la côtelette	das Kotelett
le coucou	der Kuckuck
coulant, coulante	kulant
la coulisse	die Kulisse
la coupole	die Kuppel
le coupon	der Coupon
la courbe	die Kurve
la couronne	die Krone
le couronnement	die Krönung
couronner	krönen
le courrier	der Kurier
le cours	der Kurs
court	kurz
la courtisane	die Kurtisane
le cousin	der Cousin
le coût	die Kosten

Les mots partagés *FRANÇAIS-ALLEMAND*

coûter	kosten
le crabe	die Krabbe
Cracovie	Krakau
la crampe	der Krampf
craquer	krachen
le cratère	der Krater
la cravate	die Krawatte
le crédit	der Kredit
le crématorium	das Krematorium
la crème	die Creme
Crémone	Cremona
créole	kreolisch
le, la créole	der Kreole, die Kreolin
le cresson	die Kresse
le crésus	der Krösus
la Crète	Kreta
le crétin	der Kretin
le crétinisme	der Kretinismus
crétois, crétoise	kretisch
le Crétois, la Crétoise	der Kreter, die Kreterin
la crétonne	die Kretonne
la Crimée	die Krim
le criminaliste	der Kriminalist
la criminalité	die Kriminalität
criminel, -le	kriminell
la crinoline	die Krinoline
la crise	die Krise
le cristal	der Kristall
le critère	das Kriterium
le critérium	das Kriterium
la critique	die Kritik
le critique	der Kritiker
la Croatie	Kroatien
le crocodile	das Krokodil
le croupier	der Croupier
la croûte	die Kruste
la cruche	der Krug
le crucifix	das Kruzifix
la crypte	die Krypta
Cuba	Kuba
cubain, cubaine	kubanisch
le Cubain, la Cubaine	der Kubaner, die Kubanerin
le cubisme	der Kubismus
cubiste	kubistisch
le culte	der Kult
cultiver	kultivieren
la culture	die Kultur
culturel, -le	kulturell

Les mots partagés FRANÇAIS-ALLEMAND

le cybernéticien	der Kybernetiker
la cybernétique	die Kybernetik
le cycle	der Zyklus
le cylindre	der Zylinder
cynique	zynisch
le cynisme	der Zynismus
le cyprès	die Zypresse

d

les Daces	die Daker
le dactyle	der Daktylus
dactylique	daktylisch
le dahlia	die Dahlie
dalmate	dalmat(in)isch
le, la Dalmate	der Dalmatiner, die Dalmatinerin
la Dalmatie	Dalmatien
Damas	Damaskus
le damas	der Damast
la dame	die Dame
le Danemark	Dänemark
danois, danoise	dänisch
le Danois, la Danoise	der Däne, die Dänin
le Danube	die Donau
la date	das Datum
la datte	die Dattel
le débat	die Debatte
débattre	debattieren
le début	das Debüt
la décade	die Dekade
la décadence	die Dekadenz
le décanat	das Dekanat
décembre	der Dezember
décentraliser	dezentralisieren
le décibel	das Dezibel
décimal	dezimal
décimer	dezimieren
le décimètre	der Dezimeter
déclamer	deklamieren
déclarer	deklarieren
la déclinaison	die Deklination
décliner	deklinieren
décolleter	dekolletieren
le décor	die Dekoration, das/der Dekor
le décorateur	der Dekorateur
décoratif, décorative	dekorativ
le décret	das Dekret

Les mots partagés *FRANÇAIS-ALLEMAND*

la déduction	die Deduktion
défectueux	defekt
le déficit	das Defizit
définir	definieren
la définition	die Definition
la déflagration	die Deflagration
la déflation	die Deflation
la défloration	die Defloration
déflorer	deflorieren
déformer	deformieren
la dégradation	die Degradierung
dégrader	degradieren
la délégation	die Delegation
le délégué	der, die Delegierte
déléguer	delegieren
le délinquant	der Delinquent
le délire	das Delirium
Delphes	Delphi
le démagogue	der Demagoge
la démarcation	die Demarkation
le démenti	das Dementi
démentir	dementieren
le, la démocrate	der Demokrat
la démocratie	die Demokratie
démocratique	demokratisch
la démocratisation	die Demokratisierung
démocratiser	demokratisieren
le, la démographe	der Demograph
le démon	der Dämon
le démontage	die Demontage
démoraliser	demoralisieren
la dendrochronologie	die Dendrologie
le dénominatif	das Denominativ(um)
dénoncer	denunzieren
le dénonciateur	der Denunziant
la dénonciation	die Denunziation
le densimètre	das Densimeter
le déodorant	das Deodorant
le département	das Departement
la dépêche	die Depesche
déplacé, déplacée	deplaziert
le déport (Bourse)	der Deport
la déportation	die Deportation
déporter	deportieren
le dépôt	das Depot
dépressif, dépressive	depressiv
la dépression	die Depression
déprimer	deprimieren

Les mots partagés *FRANÇAIS-ALLEMAND*

le derby	das Derby
le, la dermatologiste	der Dermatologe
le désastre	das Desaster
déserter	desertieren
le déserteur	der Deserteur
la désertion	die Desertion
le design	das Design
désinfecter	desinfizieren
la désinfection	die Desinfektion
la désorganisation	die Desorganisation
désoxyder	desoxidieren
le despote	der Despot
despotique	despotisch
le despotisme	der Despotismus
le dessert	das Dessert
le détecteur	der Detektor
le détective	der Detektiv
la détonation	die Detonation
détoner	detonieren
Deux-Ponts	Zweibrücken
la devise	die Devise
les devises	die Devisen
le diabète	der Diabetes
diabétique	diabetisch
diachronique	diachronisch
le diadème	das Diadem
le diagnostic	die Diagnose
diagnostique	diagnostisch
diagnostiquer	diagnostizieren
diagonal, diagonale	diagonal
la diagonale	die Diagonale
le diagramme	das Diagramm
le dialecte	der Dialekt
le dialogue	der Dialog
le diamant	der Diamant
la diapositive	das Diapositiv
le dictateur	der Diktator
la dictature	die Diktatur
la dictée	das Diktat
dicter	diktieren
la diction	die Diktion
la diélectrique	das Dielektrikum
le diesel	der Diesel-motor, -fahrzeug
la diète	die Diät
diététique	diätetisch
la diététique	die Diätetik
la différence	die Differenz
différentier	differenzieren

Les mots partagés FRANÇAIS-ALLEMAND

digital, digitale	digital
le dilemme	das Dilemma
le, la dilettante	der Dilettant, die Dilettantin
le dilettantisme	der Dilettantismus
la dimension	die Dimension
dimensionner	dimensionieren
le dîner	das Diner
le dinosaure	der Dinosaurier
le diocèse	die Diözese
la diode	die Diode
dionysiaque	dionysisch
la dioxine	das Dioxin
le dioxyde	das Dioxid
la diphtérie	die Diphtherie
le diphtongue	der Diphthong
le, la diplomate	der, -e Diplomat, -in
la diplomatie	die Diplomatie
diplomatique	diplomatisch
le diplôme	das Diplom
direct, directe	direkt
le directeur, la directrice	der, -e Direktor, -in
la direction	die Direktion
la directive	die Direktive
le directoire	das Direktorium
le dirigisme	der Dirigismus
la discipline	die Disziplin
discipliner	disziplinieren
la discothèque	die Diskothek
la discrimination	die Diskriminierung
discriminer	diskriminieren
discriminatoire	diskriminatorisch
la discussion	die Diskussion
discuter	diskutieren
disposer	disponieren
la disqualification	die Disqualifizierung
disqualifier	disqualifizieren
le disque	der Diskus
la disquette	die Diskette
la dissidence	das Dissidententum
le dissident, la dissidente	der Dissident
la dissimilation	die Dissimilation
la dissociation	die Dissoziation
dissocier	dissoziieren
la dissonance	die Dissonanz
la distance	die Distanz
distiller	destillieren
la divergence	die Divergenz
diverger	divergieren

Les mots partagés *FRANÇAIS-ALLEMAND*

le dividende	die Dividende, der Dividend
diviser	dividieren
le diviseur	der Divisor
la division	die Division
le document	das Dokument
documentaire	dokumentarisch
dogmatique	dogmatisch
le dogmatique	der Dogmatiker
le dogmatisme	der Dogmatismus
le dogme	das Dogma
le dogue	die Dogge
le dollar	der Dollar
les Dolomites	die Dolomiten
le dôme	der Dom, die Kuppel
le domicile	das Domizil
domicilier	domizilieren
dominant, dominante	dominierend
la République dominicaine	die Dominikanische Republik
les Dominicains	die Dominikaner
le domino	der Domino (Kostüm), das Domino (Spiel)
le dopage, le doping	das Doping
la dose	die Dosis
doser	dosieren
la douche	die Dusche
Douvres	Dover
draconien, draconienne	drakonisch
la dragée	das Dragée
dramatique	dramatisch
dramatiser	dramatisieren
le drame	das Drama
drastique	drastisch
la Drave	die Drau
Dresde	Dresden
le dressage	die Dressur
le dresseur, la dresseuse	der Dresseur, die Dresseuse
la drogue	die Droge
la droguerie	die Drogerie
le droguiste	der Drogist
drolatique	drollig
drôle	drollig
la drôlerie	die Drolligkeit
le dromadaire	das Dromedar
le drugstore	der Drugstore
le, la druide	der Druide
dubitatif, dubitative	dubitativ
le duel	das Duell
la dune	die Düne
Dunkerque	Dünkirchen

Les mots partagés FRANÇAIS-ALLEMAND

le duplicata	das Duplikat
la durée	die Dauer
dynamique	dynamisch
la dynamite	das Dynamit
le dynamo	der Dynamo
la dynastie	die Dynastie

e

une ébène	das Ebenholz
l'Èbre	der Ebro
un échafaud	das Schafott
une échalotte	die Schalotte
une écharpe	die Schärpe
les échecs	das Schach
un écho	das Echo
une écologie	die Ökologie
écologique	ökologisch
un écologue	der Ökologe, die Ökologin
l'Écosse	Schottland
un écosystème	das Ökosystem
un eczéma	das Ekzem
Édimbourg	Edinburg
un édit	das Edikt
effectif, effective	effektiv
un effet	der Effekt
la mer Égée	die Ägäis
un égoïsme	der Egoismus
égoïste	egoistisch
un égoïste	der Egoist, die Egoistin
l'Égypte	Ägypten
égyptien, égyptienne	ägyptisch
un Égyptien, une Égyptienne	der Ägypter, die Ägypterin
une élasticité	die Elastizität
élastique	elastisch
l'île d'Elbe	Elba
un électricien	der Elektriker
une électricité	die Elektrizität
une électrification	die Elektrifizierung
électrifier	elektrifizieren
électrique	elektrisch
électriser	elektrisieren
un électrocardiogramme	das Elektrokardiogramm
un électrochoc	der Elektroschock
une électrode	die Elektrode
un électromoteur	der Elektromotor
un électron	das Elektron

Les mots partagés *FRANÇAIS-ALLEMAND*

un électronicien	der Elektroniker
une électronique	die Elektronik
électrotechnique	elektrotechnisch
une électrotechnique	die Elektrotechnik
une électrothérapie	die Elektrotherapie
une élégance	die Eleganz
élégant, élégante	elegant
un élément	das Element
élémentaire	elementar
un éléphant	der Elefant
élitaire	elitär
une élite	die Elite
élitiste	elitär
un élitisme	das Elitedenken
un élixir	das Elixier
une ellipse	die Ellipse
elliptique	elliptisch
Elseneur	Helsingör
un émail	das Email
émailler	emaillieren
une émancipation	die Emanzipierung/Emanzipation
émanciper	emanzipieren
un embargo	das Embargo
une embolie	die Embolie
un embryon	der Embryo
embryonnaire	embryonal
un émigrant	der Emigrant
émigrer	emigrieren
une émigration	die Emigration
une éminence	die Eminenz
Emmaüs	Emmaus
empaqueter	einpacken
un emphysème	das Emphysem
empirique	empirisch
un empirisme	der Empirismus
un émulateur	der Emulator
une encyclopédie	die Enzyklopädie
encyclopédique	enzyklopädisch
un encyclopédiste	der Enziklopädist
endémique	endemisch
endoctriner	indoktrinieren
une énergie	die Energie
énergique	energisch
un enthousiasme	der Enthusiasmus
un enthousiaste	der Enthusiast
enthousiaste	enthusiastisch
Éphèse	Ephesus
Épidaure	Epidaurus

Les mots partagés FRANÇAIS-ALLEMAND

une épidémie	die Epidemie
epidémique	epidemisch
un épidiascope	das Epidiaskop
une épilepsie	die Epilepsie
un épilogue	der Epilog
épique	episch
un épisode	die Episode
une épopée	das Epos
une époque	die Epoche
un équateur	der Äquator
l'Équateur	Ecuador
un équivalent	das Äquivalent
une ère	die Ära
Erevan	Eriwan
le lac Érié	der Eriesee
éroder	erodieren
érosif, érosive	erodierend
une érosion	die Erosion
érotique	erotisch
une érotique	die Erotik
un ersatz	der Ersatz
éruptif, éruptive	eruptiv
une escalade	die Eskalierung, die Eskalation
l'Escaut	die Schelde
un esclavage	die Sklaverei
une escorte	die Eskorte
l'Espagne	Spanien
un Espagnol, une Espagnole	der Spanier, die Spanierin
espagnol, espagnole	spanisch
un espalier	das Spalier
une espèce	die Spezies
un espion	der Spion
un Esquimau, une Esquimaude	der, die Eskimo
une esquisse	die Skizze
esquisser	skizzieren
un essai	der Essay
une estafette	die Stafette
un esthète	der Ästhet
une esthétique	die Ästhetik
l'Estonie	Estland
estonien, estonienne, l'estonien	estnisch, das Estnische
l'Estrémadure	Estramadura
un étudiant, une étudiante	der Student, die Studentin
étudier	studieren
estudiantin, estudiantine	studentisch
un étage	die Etage
une étape	die Etappe
les États-Unis	die Vereinigten Staaten

Les mots partagés FRANÇAIS-ALLEMAND

un éther	der Äther
éthéré	ätherisch
l'Éthiopie	Äthiopien
une éthique	die Ethik
une ethnie	die Ethnie
ethnique	ethnisch
une ethnologie	die Ethnologie
étiqueter	etikettieren
une étiquette	das Etikett, die Etikette
l'Etna	der Ätna
une étoffe	der Stoff
un Étrusque	der Etrusker, die Etruskerin
étrusque	etruskisch
un étui	das Etui
une étymologie	die Etymologie
un eucalyptus	der Eukalyptus
une eugénique/un eugénisme	die Eugenik
un eunuque	der Eunuch
euphémique	euphemistisch
une euphorie	die Euphorie
euphorique	euphorisch
l'Euphrate	der Euphrat
eurasien, eurasienne	eurasisch
un Eurasien, une Eurasienne	der Eurasier, die Eurasierin
un euro	der Euro
un eurocommunisme	der Eurokommunismus
l'Europe	Europa
européen	europäisch
un Européen, une Européenne	der Europäer, die Europäerin
une évacuation	die Evakuierung
évacuer	evakuieren
évangélique	evangelisch
un Évangile	das Evangelium
une évolution	die Evolution
exact, exacte	exakt
un examen	das Examen
une excellence	die Exzellenz
excentrique	exzentrisch
excommunier	excommunizieren
les excréments (m)	die Exkremente
une excursion	die Exkursion
exemplaire	exemplarisch
un exemplaire	das Exemplar
un exil	das Exil
une existence	die Existenz
exister	existieren
une expédition	die Expedition
une expérience	das Experiment

un expert, une experte	der Experte/die Expertin
exploser	explodieren
explosif, explosive	explosiv
une explosion	die Explosion
exponentiel, exponentielle	exponential
un externat	das Externat
extirper	extirpieren
extraterrestre	extraterrestrisch
une extravagance	die Extravaganz
extravagant, extravagante	extravagant
un extrême	das Extrem
extrême	extrem
un extrémisme	der Extremismus
un extrémiste	der Extremist
extrémiste	extremistisch

f

la fabrique	die Fabrik
fabriquer	fabrizieren
la façade	die Fassade
la facette	die Facette
le fac-similé	das Faksimile
la factorerie	die Faktorei
le factotum	das Faktotum
la facture	die Faktur
le facturier	der Fakturist, das Fakturenbuch
facultatif, facultative	fakultativ
la faculté	die Fakultät
fade	fade
le fading	das Fading
le faisan	der Fasan
la faisanderie	die Fasanerie
familier, familière	familiär
la famille	die Familie
fanatique	fanatisch
le fanatique	der Fanatiker
le fanatisme	der Fanatismus
la fantaisie	die Fantasie
la fantasia	die Fantasia
fantastique	fantastisch
le fantôme	das Phantom
la farce	die Farce
le fascicule	der Faszikel
le fascisme	der Faschismus
le fasciste	der Faschist
fasciste	faschistisch

Les mots partagés *FRANÇAIS-ALLEMAND*

fatal, fatale	fatal
le fatalisme	der Fatalismus, der Fatalist
la faune	die Fauna
la fauvisme	der Fauvismus
le favori, la favorite	der Favorit, die Favoritin
le fax	das Fax
faxer	faxen
fédératif, fédérative	föderativ
la fée	die Fee
le féminin	das Femininum
féminiser	feminisieren
féodal, féodale	feudal
la ferme	die Farm
le ferment	das Ferment
les îles Féroé	die Färöen
Ferrare	Ferrara
le festival	das Festival
la fête	das Fest
le fétiche	der Fetisch
le feu	das Feuer
le feuilleton *(Fortsetzungsroman)*	das Feuilleton *(Kulturbeilage)*
février	der Februar
le fiasco	das Fiasko
la fibre	die Fiber
fictif, fictive	fiktiv
la fiction	die Fiktion
la fièvre	das Fieber
la figure	die Figur ; das Gesicht
figurer	figurieren
le filet	das Filet
la filiale	die Filiale
le filigrane	das Filigran
le film	der Film
le filtrage	das Filtern
le filtre	der Filter
filtrer	filtern
la finale	das Finale
la finance	die Finanz
financer	finanzieren
financier, financière	finanziell
le finish	das Finish
finlandais	finnisch
la Finlande	Finnland
la fiole	die Phiole
la firme	die Firma
le fisc	der Fiskus
la fistule	die Fistel
le fixage	das Fixieren

Les mots partagés *FRANÇAIS-ALLEMAND*

fixer	fixieren
la flamme	die Flamme
le flanc	die Flanke
la Flandre, les Flandres	Flandern
flanquer	flankieren
flegmatique	phlegmatisch
le flegmatique	der Phlegmatiker
le flegme	das Phlegma
Flessingue	Vlissingen
le fleuret	das Florett
le flirt	der Flirt
flirter	flirten
le flocon	die Flocke
la flore	die Flora
Florence	Florenz
la Floride	Florida
fluide	flüssig
la fluidité	die Fluidität
la flûte	die Flöte
flûter	flöten
le, la flûtiste	der Flötist, die Flötistin
le flux	die Flut
le fœhn	der Föhn
le folklore	die Folklore
folklorique	folkloristisch
la fonction	die Funktion
fonctionnel, fonctionnelle	funktionell
fonctionner	funktionieren
fondamental, fondamenta_e	fundamental
le fondant	der Fondant
le fondement	das Fundament
le fonds	der Fonds
le football	der Fußball
le footballeur	der Fußballer
le forestier	der Förster
la Forêt-Noire	der Schwarzwald
le, la formaliste	der Formalist, die Formalistin
le format	das Format
la forme	die Form
formel, formelle	förmlich
former	formen
le formulaire	das Formular
la formule	die Formel, die Formulierung
formuler	formulieren
le foxterrier	der Foxterrier
le foyer	das Foyer
la fraction	die Fraktion
le fractionnement	das Fraktionieren

Les mots partagés FRANÇAIS-ALLEMAND

fractionner	fraktionieren
le fragment	das Fragment
la fraîcheur	die Frische
frais, fraîche	frisch
la fraise	die Fräse
fraiser	fräsen
franc, franque	fränkisch
la France	Frankreich
Francfort(-sur-le-Main)	Frankfurt (am Main)
Francfort-sur-l'Oder	Frankfurt an der Oder
franco	franko (portofrei)
la Franconie	Franken
la frange	die Franse
la frégate	die Fregatte, der Fregattvogel
la fréquence	die Frequenz
la fresque	die Freske, das Fresko
Fribourg	Freiburg
Fribourg(en-Brisgau)	Freiburg (im Breisgau)
frigide	frigid(e)
la frigidité	die Frigidität
le Frioul	Friaul
la frise	der Fries
la Frise	Friesland
le Frison, la Frisonne	der Friese, die Friesin
frison, frisonne	friesisch
les îles Frisonnes	die Friesichen Inseln
les frites	die Pommes frites
le front	die Front
le fruit	die Frucht
la frustration	die Frustration
frustrer	frustieren
le Fuji-Yama	der Fudschijama
le furoncle	der/das Furunkel
la fusion	die Fusion
fusionner	fusionieren
le futur	das Futur
le futurisme	der Futurismus
le futuriste	der Futurist
futuriste	futuristisch
la futurologie	die Futurologie
le futurologue	der Futurologe

##

le Gabon	Gabun
gabonais, gabonaise	gabunisch
le gag	der Gag

les gages (m.)	die Gage
le gala	die Gala
galant, galante	galant
la galanterie	die Galanterie
la galère	die Galeere
la galerie	die Galerie
la Galice	Galicien
la Galicie	Galizien
la Galilée	Galiläa
le pays de Galles	Wales
le galop	der Galopp
galoper	galoppieren
galvaniser	galvanisieren
la galvanoplastie	die Galvanoplastik
le gamma	das Gamma
Gand	Gent
le Gange	der Ganges
le gangster	der Gangster
le garage	die Garage
la garde	die Garde
le lac de Garde	der Gardasee
la garniture	die Garnitur
gascon, gasconne	gaskognisch
le Gascon, la Gasconne	der Gaskogner, die Gaskognerin
la gastrite	die Gastritis
le gastronome	der Gastronom
la gastronomie	die Gastronomie
la Gaule	Gallien
gaulliste	gaullistisch
le gaulliste	der Gaullist
gaulois, gauloise, le gaulois	gallisch, der Gallier
le gaz	das Gas
la gaze	die Gaze
gazéiforme	gasförmig
gazeux, gazeuse	gasartig
Gdańsk	Danzig
le géant	der Gigant
le gel	das Gel
la gélatine	die Gelatine
la gelée	das Gelée
le gendarme	der Gendarm
la gendarmerie	die Gendarmerie
le gène	das Gen
le général	der General
le générateur	der Generator
génératif, générative	generativ
la génération	die Generation
Gênes	Genua

Les mots partagés *FRANÇAIS-ALLEMAND*

la Genèse	die Genesis
le généticien	der Genetiker
la génétique	die Genetik
Genève	Genf
le génie	der Genius, das Genie
le genre	das Genus
la gentiane	der Enzian
la géodésie	die Geodäsie
la géographie	die Geographie, -f-
géographique	geographisch, -f-
la géologie	die Geologie
géologique	geologisch
la géométrie	die Geometrie
géométrique	geometrisch
la Géorgie	Georgien, Georgia
germain, germaine	germanisch
le Germain, la Germaine	der Germane, die Germanin
la Germanie	Germanien
germanique	germanisch
le germanisme	der Germanismus
le geste	die Geste
la gigue	die Gigue
la girafe	die Giraffe
le glaïeul	die Gladiole
Gliwice	Gleiwitz
le globe	der Globus
la glose	die Glosse
gloser	glossieren
le glossaire	das Glossar
le Gluten	das Gluten
la glycérine	das Glyzerin
la glyptique	die Glyptik (Steinschneidekunst)
le gnome	der Gnom
le gobelin	der Gobelin
le golf	das Golfspiel
le golfe	der Golf
la gomme	das Gummi
gommer	gummieren
Gomorrhe	Gomorrha
la gondole	die Gondel
le gondolier	der Gondoliere
le gong	der Gong
gordien (nœud -)	gordischer (- Knoten)
le gorille	der Gorilla
gothique	gotisch
le gouverneur	der Gouverneur
le grade	der Dienstgrad
la graduation	die Gradierung

Les mots partagés *FRANÇAIS-ALLEMAND*

graduel, graduelle	graduell
le graffiti	der Graffiti
la grammaire	die Grammatik
le grammairien	der Grammatiker
grammatical, grammaticale	grammatisch
le gramme	das Gramm
la Grande-Bretagne	Großbritannien
la granulation	die Granulierung
granuler	granulieren
graphique	graphisch
le graphite	der Graphit, -f-
la graphologie	die Graphologie
le graphologue	der Graphologe
la gratification	die Gratifikation
gratis	gratis
gratuitement	gratis
graver	(ein)gravieren
le graveur	der Graveur
graviter	gravitieren
la gravure	die Gravur, die Gravüre
grec, greque	griechisch
le Grec, la Grecque	der Grieche, die Griechin
la Grèce	Griechenland
Grenade	Granada
la grenade	der Granatapfel, die Handgranate
le grenadier	der Grenadier
le grenat	der Granatstein
le gril	der Grill
la grillade	die Grillade
griller	grillen
le grillon	die Grille
le grill-room	der Grillroom
la grimace	die Grimasse
la grippe	die Grippe
les Grisons	Graubünden
le Groenland	Grönland
Groningue	Groningen
grotesque	grotesk
le groupe	die Gruppe
le groupement	die Gruppierung
la guérilla	der Guerillakrieg
Guernesey	Guernsey
la guilde	die Gilde
la Guinée	Guinea
la guillotine	die Guillotine
la guirlande	die Girlande
la guitare	die Gitarre
le Gulf Stream	der Golfstrom

Les mots partagés *FRANÇAIS-ALLEMAND*

la Guyane	Guyana
le gymnase (Suisse)	das Gymnasium
gymnastique	gymnastisch
la gymnastique	die Gymnastik
le gypse	der Gips
le gyroscope	das Gyroskop
le gyrostat	das Gyrostat

h

Haguenau	Hagenau
Haïfa	Haifa
Haïti	Haiti
le hall	die Halle
l'hallucination	die Halluzination
l'halogène (m)	das Halogen
la halte	die Haltestelle
le haltère	die Hantel
Hambourg	Hamburg
le hamster	der Hamster
le handball	der Handball
le handballeur	der Handballer, der Handballspieler
le handicap	das Handikap
le hangar	der Hangar
Hanovre	Hannover
le hardware	die Hardware
le hareng	der Hering
l'harmonica	die Mundharmonika
l'harmonie	die Harmonie
harmonieux, harmonieuse	harmonisch
harmonique	harmonisch
harmoniser	harmonisieren
l'harmonium	das Harmonium
la harpe	die Harfe
le harpon	die Harpune
la hase	die Häsin
la hâte	die Hast
le hautbois	die Oboe
la Havane	Havanna
le havane	die Havanna (Zigarre)
la Haye	den Haag
hébraïque	hebräisch
les îles Hébrides	die Hebriden
l'hectare (m)	das, der Hektar
l'hédonisme	der Hedonismus
hédoniste	hedonistisch
l'héliothérapie	die Heliotherapie

l'hélium	das Helium
Hellade	Hellas
hellène	hellenistisch, griechisch
hellénique	hellenisch, griechisch
helvétique	helvetisch
l'hémisphère (m)	die Hemisphäre
les hémoroïdes (f)	die Hämorrhoiden
hépatique	hepatisch
l'hépatite	die Hepatitis
le héraut	der Herold
hermétique	hermetisch
l'hermétisme	der Hermetismus
l'hermine (f)	das Hermelin
l' héroïne	die Heroin; das Heroin
l'héroïsme	der Heroismus
le héros	der Held
Herzégovine	Herzegowina
la Hesse	Hessen
hétérogène	heterogen
la hiérarchie	die Hierarchie
le hippie	der, die Hippie
l'historien, l'historienne	der, die Historiker, -in
historique	historisch
le hockey	der Hockey
le/la holding	die Holdinggesellschaft
le Hollandais, la Hollandaise	der Holländer, die Holländerin
hollandais, hollandaise	holländisch
la Hollande	Holland
le homard	der Hummer
homogénéiser	homogenisieren
la Hongrie	Ungarn
hongrois, -e	ungarisch
le hongrois	das Ungarische
le Hongrois, la Hongroise	der Ungar, die Ungarin
l'hôpital (m)	das Hospital/Spital
la horde	die Horde
l'horizon (m)	der Horizont
l'hormone (f)	das Hormon
l'hortensia (m)	die Hortensie
l'hospice (m)	das Hospiz
l'hostie (f)	die Hostie
l'hôtel (m)	das Hotel
l'hôtesse	die Hostess
le huguenot	der Hugenotte
huguenot, huguenotte	hugenottisch
humain, humaine	menschlich, human
humaniser	humanisieren
l'humanisme	der Humanismus

Les mots partagés *FRANÇAIS-ALLEMAND*

humaniste	humanistisch
l'humaniste	der Humanist
humanitaire	humanitär
l'humanité	die Humanität
l'humoriste	der Humorist
humoristique	humoristisch
l'humour (m)	der Humor
l'humus (m)	der Humus
les Huns	die Hunnen
le hussard	der Husar
la hutte	die Hütte
hybride	hybrid
l'hybride	die Hybride
hydraulique	hydraulisch
l'hydraulique	die Hydraulik
l'hyène (f)	die Hyäne
l'hygiène (f)	die Hygiene
hygiénique	hygienisch
l'hygiéniste	der Hygieniker
l'hymne (m)	die Hymne
l'hyperbole (f)	die Hyperbel
l'hynose (f)	die Hypnose
hypnotiser	hypnotisieren
l'hypnotiseur	ein Hypnotiseur
l'hypnotisme	der Hypnotismus
l'hyponymie	die Hyponymie
l'hypoténuse (f)	eine Hypotenuse
l'hypothèque (f)	eine Hypothek
l'hypothèse	eine Hypothese
l'hystérie	eine Hysterie
hystérique	hysterisch

i

un ïambe	die Jambe, der Jambus
ïambique	jambisch
un iceberg	der Eisberg
un ichtyosaure	der Ichtyosaurus
idéal, idéale	ideal
un idéal	das Ideal
l'idéaliste	der Idealist
idéaliste	idealistisch
une idée	die Idee
identifier	identifizieren
identique	identisch
une identité	die Identität
idiomatique	idiomatisch

55

Les mots partagés *FRANÇAIS-ALLEMAND*

un idiome	das Idiom
l'idiot, -e	der Idiot, die Idiotin
idiot, idiote	idiotisch
une idiotie	die Idiotie
une idole	das Idol
une idylle	eine Idylle
idyllique	idyllisch
Iéna	Jena
illégal, illégale	illegal
l'illocution	die Illokution
l'illusion	die Illusion
illusoire	illusorisch
l'illustration	die Illustration
illustrer	illustrieren
une image	das Image
imiter	imitieren
immanent, immanente	immanent
immatériel, immatérielle	immateriell
un immeuble	die Immobilie
un impératif	der Imperativ
un impérialisme	der Imperialismus
impérialiste	imperialistisch
l'impérialiste	der Imperialist, die Imperialistin
implanter	implantieren
impliquer	implizieren
imploser	implodieren
l'implosion	die Implosion
l'importation	der Import
importer	importieren
imprégner	imprägnieren
un impressionnisme	der Impressionismus
l'impressionniste	der Impressionist
impressionniste	impressionistisch
improviser	improvisieren
impulsif, impulsive	impulsiv
l'impulsion	der Impuls
inactif, inactive	inaktiv
l'incompétence	die Inkompetenz
incompétent, incompétente	inkompetent
l'inconséquence	die Inkonsequenz
l'incontinence	die Inkontinenz
l'incunable	die Inkunabel
l'Inde	Indien
un index	der Index
un indice	das Indiz
indien, indienne	indisch, indianisch
l'Indien, l'Indienne	der Inder, die Inderin, der Indianer, die Indianerin

Les mots partagés *FRANÇAIS-ALLEMAND*

l'indigo (m)	der/das Indigo
indirect, indirecte	indirekt
indiscret, indiscrète	indiskret
un individu	das Individuum
l'Indochine	Indochina
l'Indonésie	Indonesien
inducteur	induzierend
un inducteur	der Induktor
induire	induzieren
l'industrialisation	die Industrialisierung
industrialiser	industrialisieren
l'industrie	die Industrie
industriel, industrielle	industriell
l'industriel	der Industrielle
infâme	infam
l'infanterie	die Infanterie
infantile	infantil, kindisch
un infarctus	der Infarkt, der Herzinfarkt
l'infection	die Infektion
infinitésimal, infinitésimale	infinitesimal
un infinitif	der Infinitiv
l'inflation	die Inflation
l'influence	der Einfluss
l'informaticien, l'informaticienne	der Informatiker, die Informatikerin
l'information	die Information
l'informatique (f)	die Informatik
informer	informieren
infrarouge	Infrarot
l'infrastructure	die Infrastruktur
l'infusion	die Infusion
l'ingénieur	der Ingenieur
inhaler	inhalieren
une initiative	die Initiative
injecter	injizieren
l'injection	die Injektion
un insecte	das Insekt
insérer	inserieren
inspirer	inspirieren
l'installateur	der Installateur
l'installation	die Installierung
installer	installieren
une instance	die Instanz
un instinct	der Instinkt
instinctif, instinctive	instinktiv
un institut	das Institut
l'institution	die Institution
l'institutionnalisation	die Institutionalisierung
institutionnaliser	institutionalisieren

Les mots partagés FRANÇAIS-ALLEMAND

un instrument	das Instrument
insulaire	insular
intégrer	integrieren
un intellect	der Intellekt
intellectuel, intellectuelle	intellektuell
l'intellectuel	der Intellektuelle
l'intelligence	die Intelligenz
intelligent, intelligente	intelligent
un intendant	der Intendant
intense	intensiv
l'intensité	die Intensität
intéressant, intéressante	interessant
intéressé, intéressée	interessiert
intéresser	interessieren
un intérêt	das Interesse
une interférence	die Interferenz
un intérim	das Interim
l'interjection	die Interjektion
interlinéaire	interlinear
l'internat (m)	das Internat
international, internationale	international
interne	intern
un internement	die Internierung
interner	internieren
l'interpellateur, l'interpellatrice	der Interpellant, -in
interplanétaire	interplanetarisch
l'interpolation	die Interpolation
interpoler	interpolieren
l'interprétation	die Interpretation
un interprète	der Interpret, -in
interpréter	interpretieren
interrogatif, interrogative	interrogativ
un intervalle	das Intervall
l'intervention	die Intervention
une interview	das Interview
interviewer	interviewen
l'intimité	die Intimität
l'intolérance	die Intoleranz
l'intonation	die Intonation
intraveineux, intraveineuse	intravenös
l'intrigant	der Intrigant
l'intrigue	die Intrige
intriguer	intrigieren
intuitif, intuitive	intuitiv
l'intuition	die Intuition
invalide	invalide
l'invalide	der Invalide
l'invalidité	die Invalidität

Les mots partagés FRANÇAIS-ALLEMAND

l'invasion	die Invasion
un inventaire	das Inventar, die Inventur
inventorier	inventarisieren
investir	investieren
un investissement	die Investition
l'iode (m)	das Jod
la mer Ionienne	das Ionische Meer
iouler	jodeln
l'Irlande	Irland
l'ironie	die Ironie
ironique	ironisch
irréel, irréelle	irreal
l'islam	der Islam
l'Islande	Island
l'isolant	der Isolierstoff
l' isolateur	der Isolator
l'isolation	die Isolierung
isoler	isolieren
l'isotope (m)	das Isotop
Israël	Israel
israélien, -ne	israelisch
l'Israélien, l'Israélienne	der/die Israeli
israélite	israelitisch,
l'Israélite	der Israelit, die Israelitin
l'Istrie	Istrien
l'Italie	Italien
italien, -ne	italienisch
l'Italien, l'Italienne	der Italiener, die Italienerin
italique	italisch

j

la jacinthe	die Hyazinthe
jacobin, -e	der Jakobiner, -in, jakobinisch
le jacquard	der Jacquard
le jaguar	der Jaguar
la jalousie	die Jalousie
la Jamaïque	Jamaika
janvier	der Januar
le Japon	Japan
japonais, -e	japanisch, der Japaner, -in
le japonais	das Japanische, Japanisch
la jaquette *(veste de femme)*	das Jacket *(Herrenanzugjacke)*
le jargon	der Jargon
le jasmin	der Jasmin
le jaspe	der Jaspis
javanais, -e	javanisch, Javaner, -in

le jazz	der Jazz
le jean	die Jeans
la jeep	der Jeep
Jéricho	Jericho
Jérusalem	Jerusalem
Jésus Christ	Jesus Christus
le jet	der Jet
le job	der Job
le jockey	der Jockei/Jockey
jongler	jonglieren
le jongleur	der Jongleur
la Jordanie	Jordanien
jordanien, -ne	jordanisch, Jordanier, -in
le Jourdain	der Jordan
le journal	das Journal
le, la journaliste	der Journalist, -in
le joailler	der Juwelier
le joyau	das Juwel
judaïque	jüdisch
Judas	Judas
la Judée	Judäa
le judo	das Judo
juif, -ve	jüdisch, der Jude, die Jüdin
juillet	der Juli
juin	der Juni
Juliers	Jülich
la jungle	der Dschungel
juridique	juristisch
le juriste	der Jurist, die Juristin
le jury	die Jury
la justice	die Justiz
le jute	die Jute
le Jylland	Jütland

k

la Kabylie	die Kabylei
kaki	kakifarbig
le kangourou	das Känguru
Karachi	Karatschi
le karaté	das Karate
Karlovy Vary	Karlsbad
le kayak	der Kajak
le képi	das Käppi
la kermesse	die Kirmes
Kharkov	Charkow
kidnapper	kidnappen

Les mots partagés *FRANÇAIS-ALLEMAND*

Kiev	Kiew
le Kilimandjaro	der Kilimandscharo
le kilo	das Kilo
le kilogramme	das Kilogramm
le kilomètre	der Kilometer
le kilt	der Kilt
le kiosque	der Kiosk
le kirsch	das Kirschwasser
(le) kitsch	der Kitsch, kitschig
le Koweït	Kuwait
koweïtien, -ne	kuwaitisch, der Kuwaiter, die Kuwaiterin
le krach	der Börsenkrach/Bankenkrach
le kurde	der Kurde, die Kurdin
le kyste	die Zyste

l

labial	labial
le labo	das Labor
le laborantin, la laborantine	der Laborant, die Laborantin
le laboratoire	das Laboratorium, das Labor
le Labrador	Labrador
le labyrinthe	das Labyrinth
labyrinthique	labyrinthisch
le lama	das Lama
la lampe	die Lampe
le lampion	der Lampion
la lance	die Lanze
la lancette	die Lanzette
la langouste	die Languste
la lanterne	die Laterne
lapidaire	lapidar
le lapis-lazuli	der Lapislazuli
la Laponie	Lappland
laquer	lackieren
la larve	die Larve
latent, -e	latent
latin, -e, le latin	lateinisch, Latein
la latte	die Latte, das Lattenwerk
la lavande	der Lavendel
la lave	die Lava
le leasing	das Leasing
la lécithine	das Lezithin
le lecteur	der Lektor, -in
légal	legal
légaliser	legalisieren
la légalité	die Legalität

le légat	der Legat
la légende	die Legende
la légion	die Legion
le légionnaire	der Legionär
la légitimation	die Legitimation/Legitimierung
légitime	legitim
Legnica	Liegnitz
le leitmotiv	das Leitmotiv
le lac Léman	der Genfer See
le léninisme	der Leninismus
le léopard	der Leopard
la lèpre	die Lepra
lépreux, -se	leprakrank, leprös
la léthargie	die Lethargie
léthargique	lethargisch
la Lettonie	Lettland
le Levant	die Levante
le lexème	das Lexem
lexical, -e	lexikalisch
la lexicographie	die Lexikographie, -f-
lexicographique	lexikographisch, -f-
Leyde	Leiden
le Liban	der Libanon
libanais, -e	libanesisch
le Libanais, la Libanaise	der Libanese, die Libanesin
la libellule	die Libelle
libéral, libérale	liberal
le libéralisme	der Liberalismus
le Liberia	Liberia
libérien,-ne	liberianisch
le Libérien, -ne	der Liberianer,-in
le librettiste	der Librettist
le libretto	das Libretto
la Libye	Libyen
libyen, -ne	libysch
le Libyen, la Libyenne	der Libyer, die Libyerin
la licence	die Lizenz
Liège	Lüttich
la ligature	die Ligatur
la ligne	die Linie
ligner	linieren
la ligue	die Liga
la Ligurie	Ligurien
lilas	lila
la limonade	die Limonade
la limousine	die Limousine
linéaire	linear
le, la linguiste	der Linguist, die Linguistin

Les mots partagés *FRANÇAIS-ALLEMAND*

la linguistique	die Linguistik
le linoléum	das Linoleum
la liqueur	der Likör
le liquidateur	der Liquidator
la liquidation	die Liquidation
liquider	liquidieren
le lis	die Lilie
Lisbonne	Lissabon
la liste	die Liste
la litanie	die Litanei
la lithographie	die Lithographie
le litre	der Liter
littéraire	literarisch
le littérateur	der Literat
la littérature	die Literatur
la Lituanie	Litauen
la liturgie	die Liturgie
la Livonie	Livland
Livourne	Livorno
la livrée	die Livree
locatif, locative	lokativ
la locomotive	die Lokomotive
le loden	der Loden
la loge	die Loge
le logicien, -ne	der Logiker, -in,
la logique	die Logik
logique	logisch
la logistique	die Logistik
la Lombardie	die Lombardei
londonien,-ne	Londoner, -in
Londres	London
long, longue	lang
la Lorraine	Lothringen
le lot	das Los
la lotion	die Lotion
le loto	das Lotto(spiel)
la Louisiane	Louisiana
la loupe	die Lupe
Louvain	Löwen
loyal, -e	loyal
Lucerne	Luzern
Lunebourg	Lüneburg
le lupin	die Lupine
la Lusace	die Lausitz
lusitanien, -ne	lusitanisch
Lutèce	Lutetia
luthérien, -ne	lutheranisch, Lutheraner,-in
le luxe	der Luxus

Les mots partagés FRANÇAIS-ALLEMAND

le Luxembourg	Luxemburg
luxembourgeois,-e	luxemburgisch
le Luxembourgeois, -e	der Luxemburger, die Luxemburgerin
luxueux, -se	luxuriös
la luzerne	die Luzerne
Lvov	Lemberg
la lymphe	die Lymphe
lyncher	lynchen
lyrique	lyrisch
le lyrique	der Lyriker

m

macabre	makaber
le macaron	die Makrone
les macaronis	die Makkaroni
la Macédoine	Mazedonien
la machine	die Maschine
le machiniste	der Maschinist
Madagascar	Madagaskar
Madère	Madeira
le madère	der Madeirawein
la madone, la Madone	das Madonnenbild, die Madonna
le madras	der Madras (Stoff)
madrilène	Madrider
la mafia	die Mafia
le magasin	das Magazin
le magazine	das Magazin
le mage	der Magier
le Maghreb	der Maghreb
maghrébin, -e	maghrebinisch
la magie	die Magie
magique	magisch
le magnat	der Magnat
le magnésium	das Magnesium
magnétique	magnetisch
le magnétisme	der Magnetismus
le magnolia	die Magnolie
mai	der Mai
maigre	mager
le maïs	der Mais
le maître	der Meister
la majesté	die Majestät
le lac Majeur	der Lago Maggiore
Majorque	Mallorca
la malaria	die Malaria
les îles Maldives	die Malediven

Les mots partagés *FRANÇAIS-ALLEMAND*

Malines	Mecheln
les îles Malouines	die Falklandinseln
le malt	das Malz
Malte	Malta
maman	Mama
le mammouth	das Mammut
le manager	der Manager
la Manche	der Ärmelkanal
la manchette	die Manschette
le mandant	der Mandant
le mandarin	der Mandarin
la mandarine	die Mandarine
le mandat	das Mandat
la mandoline	die Mandoline
le mandrill	der Mandrill
le manège	die Manege
le manganèse	das Mangan
la mangue	die Mango
la manie	die Manie
la manière	die Manier
maniéré, -e	manieriert
le manifeste	das Manifest
Manille	Manila
la manipulation	die Manipulation
manipuler	manipulieren
la manne	das Manna
le mannequin	das Mannequin
la manœuvre	das Manöver
manœuvrer	manövrieren
le manomètre	das Manometer
le manque	der Mangel
la mansarde	die Mansarde
le manteau	der Mantel
Mantoue	Mantua
la manucure	die Maniküre
la manufacture	die Manufaktur
le manuscrit	das Manuskript
le maquereau	die Makrele
le marabout	der Marabut, der Marabu
le marathon	der Marathon
le marbre	der Marmor
la marche	der Marsch
marcher	marschieren
le maréchal	der Marschall
la margarine	die Margarine
la marguerite	die Margerite
la marinade	die Marinade
la marine	die Marine

mariner	marinieren
la marionnette	die Marionette
la marjolaine	der Majoran
le marketing	das Marketing
la marmelade	die Marmelade
le Maroc	Marokko
marocain, -e	marokkanisch, Marokkaner, -in
la marque	die Markierung
marquer	markieren
le marquis	der Marquis
la marquise	die Marquise (Vorsicht : die Markise = le store solaire)
les îles Marquises	die Marquesasinseln
Marrakech	Marrakesch
le marron	die Marone (Esskastanie)
mars	der März, der Mars (Planet)
marseillais, -e	Marseiller, -in
la Marseillaise	die Marseillaise
le martyr, -e	der Märtyrer,-in
le martyre	das Martyrium
le marxisme	der Marxismus
marxiste, le -	marxistisch, der Marxist, -in
la mascarade	die Maskerade
la mascotte	das Maskottchen
le masculin	das Maskulinum
le masochisme	der Masochismus
masochiste	masochistisch, der Masochist
le masque	die Maske
masquer	maskieren
le massage	die Massage
la masse	die Masse
masser	massieren
massif, -ve, le massif	massiv, das Massiv
les mass média	die Massenmedien
le mastodonte	das Mastodon, die Mastodonten
mat	matt (glanzlos, Schach)
le mât	der Mast
le matador	der Matador
le match	das Match
mater	mattieren
matérialiser	materialisieren
le matérialisme	der Materialismus
le matérialiste	der Materialist, -in
matérialiste	materialistisch
le matériau, les -x	das Material
matériel, -le, le matériel	materiell, das Material
les maths	die Mathe
le mathématicien, -ne	der Mathematiker, -in

Les mots partagés *FRANÇAIS-ALLEMAND*

mathématique	mathematisch
les mathématiques	die Mathematik
la matière	die Materie
le martriarcat	das Matriarchat
la matrice	die Matrize
la matricule	die Matrikel
le matricule	die Matrikelnummer
la matrone	die Matrone
maure	maurisch
l'île Maurice	Mauritius
la Mauritanie	Mauretanien
mauritanien, -ne	mauretanisch, Mauretanier, -in
le mausolée	das Mausoleum
la mauve	die Malve
maxi	maxi
la maxime	die Maxime
le maximum	das Maximum
Mayence	Mainz
la mayonnaise	die Mayonnaise
la Mazurie	Masuren
le méandre	der Mäander
le mécanicien	der Mechaniker
mécanique	mechanisch
la mécanique	die Mechanik
mécaniser	mechanisieren
le mécanisme	der Mechanismus
le mécano	der Mechaniker
le mécène	der Mäzen
le Mecklembourg	Mecklenburg
la Mecque	Mekka
la médaille	die Medaille
le médaillon	das Medallion
la médecine	die Medizin
les media, médias	die Medien
le médicament	das Medikament
Médine	Medina
la méditation	die Meditation
méditer	meditieren
la Méditerranée	das Mittelmeer
le médium	das Medium
le mégaphone	das Megaphon
la mégatonne	die Megatonne
la mélancolie	die Melancholie
mélancolique	melancholisch
la mélasse	die Melasse
la mélodie	die Melodie
mélodieux, -se	melodiös
mélodique	melodisch

Les mots partagés *FRANÇAIS-ALLEMAND*

le mélodrame	das Melodram(a)
le melon	die Melone
la membrane	die Membran(e)
le ménisque	der Meniskus
la mentalité	die Mentalität
la menthe	die Minze
le mentor	der Mentor
la mer	das Meer
Merano	Meran
le méridien, -ne	der Meridian
le merlan	der Merlan
la Mésopotamie	Mesopotamien
la messe	die Messe
le détroit de Messine	die Straße von Messina
le métabolisme	der Metabolismus
le métal	das Metall
les monts Métallifères	das Erzgebirge
métallique	metallisch
métalliser	metallisieren
la métallurgie	die Metallurgie
métallurgique	metallurgisch
la métaphore	die Metapher
métaphorique	metaphorisch
la métastase	die Metastase
la métathèse	die Metathese
le météore	der Meteor
le météorite	der Meteorit
la météorologie	die Meteorologie
météorologique	meteorologisch
le météorologiste,	
le météorologue	der Meteorologe
la méthode	die Methode
méthodique	methodisch
le mètre	der Meter
métrique	metrisch
la métrique	die Metrik
le métronome	das Metronom
la métropole	die Metropole
le meuble, les meubles	das Möbel, die Möbel
la Meuse	die Maas
la meute	die Meute
mexicain, -e	mexikanisch, Mexikaner,-in
le Mexique	Mexiko
le miaou	das Miauen
miauler	miauen
le micro	das Mikrofon
le microbe	die Mikrobe
la microéconomie	die Mikroökonomik

Les mots partagés *FRANÇAIS-ALLEMAND*

la microélectronique	die Mikroelektronik
le microfilm	der Mikrofilm
le micromètre	das Mikrometer
le microphone	das Mikrofon
le microscope	das Mikroskop
la migraine	die Migräne
Milan	Mailand
la milice	die Miliz
militaire	militärisch
le militaire	die Militärperson, der Militär (Vorsicht : nicht *das Militär*)
militant, -e	militant
militariser	militarisieren
le militarisme	der Militarismus
militariste	militaristisch
le militariste	der Militarist
le milliard	die Milliarde
le milliardaire	der Milliardär
le milligramme	das Milligramm
le millilitre	der Milliliter
le millimètre	der Millimeter
le million	die Million
le millionnaire	der Millionär
le mimosa	die Mimose
la mine	die Miene, die Mine (Bergwerk)
minéral, -e	mineralisch
le minéral	das Mineral
minéraliser	mineralisieren
la minéralogie	die Mineralogie
minéralogique	mineralogisch
le, la minéralogiste	der Mineraloge
la minette	die Minette
mini	mini
la miniature	die Miniatur
minimal, -e	minimal
le minimum	das Minimum
le ministère	das Ministerium
ministériel, -le	ministeriell
le ministre	der Minister
Minorque	Menorca
la minute	die Minute
la mirabelle	die Mirabelle
le misanthrope	der Misanthrop
la mission	die Mission
le missionnaire	der Missionar
le mistral	der Mistral
le mixer, le mixeur	der Mixer
la mixtion	die Mixtur

Les mots partagés FRANÇAIS-ALLEMAND

la mixture	die Mixtur
le mobilier	das Mobiliar
mobiliser	mobilisieren
modal, -e	modal
la modalité	die Modalität
le mode	der Modus
la mode	die Mode
le modelage	das Modellieren
le modèle	das Modell
le modelé	die Modellierung
modeler	modellieren
le modeleur	der Modellierer
Modène	Modena
le modérateur, -trice	der Moderator,-in
moderne	modern
moderniser	modernisieren
la modiste	die Modistin
la modulation	die Modulation
le module	das Modul
moduler	modulieren
Moïse	Moses
le moka	der Mokka
la molécule	das Molekül
les Moluques	die Molukken
le moment	der Moment
la momie	die Mumie
momifier	mumifizieren
la monarchie	die Monarchie
le monarchisme	der Monarchismus
(le) monarchiste	monarchistisch, der Monarchist, -in
le monarque	der Monarch
mondain, -e	mondän
le monème	das Monem
mongol, -e	mongolisch, Mongole, -in
la Mongolie	die Mongolei
le mongolisme	der Mongolismus
la monoculture	die Monokultur
monolithique	monolithisch
le monologue	der Monolog
le monôme	das Monom
le monopole	das Monopol
monopoliser	monopolisieren
le monothéisme	der Monotheismus
monotone	monoton
la monotonie	die Monotonie
le monstre	das Monstrum, das Monster
le montage	die Montage
le Monténégro	Montenegro

Les mots partagés *FRANÇAIS-ALLEMAND*

monter	montieren
Montréal	Montreal
le monument	das Monument
monumental, -e	monumental
la moraine	die Moräne
moral, -e	moralisch
la morale	die Moral
la Moravie	Mähren
moresque	maurisch
la morphine	das Morphium
la mer Morte	das Tote Meer
le mortier	der Mörtel, der Mörser
la mosaïque	das Mosaik
mosaïque	mosaisch
Moscou	Moskau
la Moselle	die Mosel
la Moskova	die Moskwa
la mosquée	die Moschee
le motel	das Motel
le motet	die Motette
le moteur	der Motor
le motif	das Motiv
la motivation	die Motivation, die Motivierung
motiver	motivieren
la motorisation	die Motorisierung
motoriser	motorisieren
le mouflon	das Mufflon
le mousquetaire	der Musketier
la mousseline	der Musselin
la mousson	der Monsun
le moustique	der Moskito
le mulâtre	der Mulatte
la mulâtresse	die Mulattin
Mulhouse	Mülhausen
le multiplicateur	der Multiplikator
la multiplication	die Multiplikation
multiplier	multiplizieren
Munich	München
les munitions	die Munition
murmurer	murmeln
le musc	der Moschus
la muscade	die Muskatnuss
le muscat	der Muskatwein
le muscle	der Muskel
musclé, -e	muskulös
la muse	die Muse
le musée	das Museum
la musette	die Musette

musical, -e	musikalisch
musicien, -nne ADJ	musikalisch
le musicien, -ne	der Musiker, -in
la musique	die Musik
la mutation	die Mutation
le mutualisme	der Mutualismus
Mycènes	Mykene
la myriade	die Miryade
la myrrhe	die Myrrhe
le myrte	die Myrte
mystérieux, -se	mysteriös
le mysticisme	die Mystik
mystique	mystisch
la mystique	die Mystik
le mythe	der Mythos
mythique	mythisch
la mythologie	die Mythologie
mythologique	mythologisch
le mythologue	der Mythologe

n

le nabab	der Nabob
naïf, naïve	naiv
la naïveté	die Naivität
Nankin	Nanking
le napalm	die Napalmbombe
Naples	Neapel
Naplouse	Nablus
napolitain, -e	neapolitanisch, Neapolitaner, -in
le narcisse	die Narzisse
le narcissisme	der Narzissismus
la narcose	die Narkose
narcotique	narkotisch
le narcotique	das Narkotikum
le narval	der Narwal
nasal, -e, -aux	nasal
la nasale	der Nasal (Vokal)
la nasalisation	die Nasalierung
nasaliser	nasalieren
nasiller	näseln
la nation	die Nation
national, -e, -aux	national
nationaliser	nationalisieren
le nationalisme	der Nationalismus
nationaliste	nationalistisch, Nationalist, -in
la nationalité	die Nationalität

Les mots partagés *FRANÇAIS-ALLEMAND*

la nativité	die Nativität
naturaliser	naturalisieren
le naturalisme	der Naturalismus
naturaliste	naturalistisch
le naturaliste	der Naturalist
la nature	die Natur
naturel, -le	natürlich
le naturel	das Naturell, die Natürlichkeit
naturellement	natürlich
le naturisme	der Naturismus
nautique	nautisch
la Navarre	Navarra
le navigateur	der Navigator
la navigation	die Navigation
nazi, -e	Nazi, nazistisch
le nécessaire	das Necessaire
le nécrologe	der Nekrolog
la nécrose	die Nekrose
le nectar	der Nektar
négatif, -ve	negativ
le négatif	das Negativ
le négativisme	der Negativismus
le nègre	der Neger
la négresse	die Negerin
le néocolonialisme	der Neokolonialismus
néocolonialiste	neokolonialistisch
le néologisme	der Neologismus
le néon	das Neon
le Népal	Nepal
le nerf	der Nerv
nerveux, -se	nervös
la nervosité	die Nervosität
neuf, neuve	neu
la neurasthénie	die Neurasthenie
le neurasthénique	der Neurastheniker
neutraliser	neutralisieren
neutraliste	neutralistisch
la neutralité	die Neutralität
neutre	neutral
le neutre	das Neutrum, der Neutrale
le neutron	das Neutron
la névralgie	die Neuralgie
névralgique	neuralgisch
la névrose	die Neurose
le nez	die Nase
Nice	Nizza
la niche	die Nische
le nickel	das Nickel

Les mots partagés *FRANÇAIS-ALLEMAND*

la nicotine	das Nikotin
le Niémen	die Memel
le nimbe	der Nimbus
Nimègue	Nimwegen
le nitrate	das Nitrat
le nitrobenzène	das Nitrobenzol
le niveau	das Niveau
le nom	der Name
le, la nomade	der Nomade, -in
le nombre	der Numerus
la nomenclature	die Nomenklatur
nominal,-e, -aux	nominell
nominer	nominieren
le nominatif	der Nominativ
la nonne	die Nonne
le nord	der Norden
normal, -e, -aux	normal
la normalisation	die Normalisierung
normaliser	normalisieren
normand, -e	normannisch, der Normanne, -in
la norme	die Norm
la Norvège	Norwegen
norvégien, -ne	norwegisch, Norweger, -in
le notaire	der Notar
notarial, -le, -aux	notariell
le notariat	das Notariat
la notation	die Notierung
la note	die Note, die Notiz
noter	notieren
la notice	die Notiz
le nougat	der Nougat
les nouilles	die Nudeln
la nouvelle	die Novelle
la Nouvelle-Calédonie	Neukaledonien
la Nouvelle-Guinée	Neuguina
La Nouvelle-Orléans	New Orleans
les Nouvelles-Hébrides	die Neuen Hebriden
la Nouvelle-Zélande	Neuseeland
Novare	Novara
novembre	der November
le/la novice	der Novize/die Novizin
la nuance	die Nuance
nuancer	nuancieren
le nudiste	der Nudist
la numération	die Nummerierung
numérique	numerisch
le numéro	die Nummer
le numérotage	die Nummerierung

Les mots partagés FRANÇAIS-ALLEMAND

numéroter	nummerieren
le numismate	der Numismatiker,-in
la numismatique	die Numismatik
Nuremberg	Nürnberg
le nylon	das Nylon
la nymphe	die Nymphe

O

une oasis	die Oase
un obélisque	der Obelisk
l'Oberland bernois	das Berner Oberland
un objectif	das Objektiv
objectif, -ve	objektiv
une objectivité	die Objektivität
objectiver	objektivieren
un objet	das Objekt
une obligation	die Obligation
obligatoire	obligatorisch
une obole	der Obulus
obscène	obszön
une obscénité	die Obszönität
obscur, -e	obskur
un obscurantisme	der Obskurantismus
un observatoire	das Observatorium
un occident	der Okzident
occulte	okkult
un occultisme	der Okkultismus
un océan	der Ozean
océanique	ozeanisch
une ocre	der/das Oker
un octaèdre	das Oktaeder
une octave	die Oktave
octobre	der Oktober
un oculaire	das Okular
l'Oder (m)	die Oder
un odyssée	die Odyssee
offensif, offensive	offensiv
une offensive	die Offensive
officiel, -le	offiziell
un officier	der Offizier
officieux, -euse	offiziös
une offre	die Offerte
offrir	offerieren
une ogive	die Ogive
ogival, -e	ogival
une oligarchie	die Oligarchie

Les mots partagés *FRANÇAIS-ALLEMAND*

oligarchique	oligarchisch
une olive	die Olive
olive, olivâtre	olivgrau, olivgrün
l'Olympe	der Olymp
une olympiade	die Olympiade
Olympie	Olympia
olympique	olympisch
l'Ombrie	Umbrien
une omelette	das Omelett
un oncle	der Onkel
une opale	der Opal
un opéra	die Oper
un opérateur, -trice	der Operateur, -in; der Operator, -in
opératif, -ve	operativ
une opération	die Operation
opérer	operieren
une opérette	die Operette
un opium	das Opium
une option	die Option
un opposant, -e	der Opponent, -in
s'opposer	opponieren
opportun	opportun, opportune
un opportunisme	der Opportunismus
un opportuniste	der Opportunist, -in
une opportunité	die Opportunität
une opposition	die Opposition
un optant	der Optant
opter	optieren
un opticien, -ne	der Optiker, -in
optional, -e, -aux	optional
optimal, -e	optimal
optimiser	optimieren
un optimisme	der Optimismus
un optimiste	der Optimist, -in
optimiste	optimistisch
une optique	die Optik
optique	optisch
un oracle	das Orakel
une orange	die Orange , das Orange (Farbe)
une orangeade	die Orangeade
une orangerie	die Orangerie
un orang-outan	der Orang-Utan
un oratorio, un oratoire	das Oratorium
les îles Orcades	die Orkneyinseln
orchestral, -e	orchestral
un orchestre	das Orchester
orchestrer	orchestrieren
une orchidée	die Orchidee

Les mots partagés *FRANÇAIS-ALLEMAND*

un ordre	die Ordnung
une ordonnance	die Ordonanz
ordonner	ordnen, ordinieren
ordinaire *(habituell)*	ordinär *(vulgär)*
l'Orénoque	der Orinoko
un organe	das Organ
un organigramme	das Organigramm
organique	organisch
un organisateur, -trice	der Organisator, -in ; organisatorisch
une organisation	die Organisation
organiser	organisieren
un organisme	der Organismus
un organiste	der Organist, -in
un orgasme	der Orgasmus
une orgie	die Orgie
un orgue, les grandes orgues	die Orgel
un orient	der Orient
oriental, -e	orientalisch; der Orientale, -in
une orientation	die Orientierung
orienter, s'orienter	orientieren
original, -e, -aux	original
un original	das Original
une originalité	die Originalität
originel, -le	original
un ornement	das Ornament
une ornithologie	die Ornithologie
l'Oronte	der Orontes
orthodoxe	orthodox
une orthographe	die Orthographie
une orthopédie	die Orthopädie
un oscar	der Oskar
un oscillographe	der Oszillograph
une osmose	die Osmose
Ostie	Ostia
un ostrogot(h)	der Ostgote
ostrogot(h)	ostgotisch
Otrante	Otranto
ottoman, -e	osmanisch
les ottomans	die Osmanen
l'Ouganda	Uganda
un ouragan	der Orkan
l'Oural	der Ural
une ouverture	die Ouvertüre
ouvrir	öffnen
Ouzbékistan	Usbekistan
oval, -e	oval
une ovation	die Ovation
une oxydation	die Oxidation, die Oxidierung

Les mots partagés FRANÇAIS-ALLEMAND

un oxyde	das Oxid
oxyder	oxidieren
un ozone	der/das Ozon
ozoniser	ozonisieren

p

le Pacifique	der Pazifik
le pacifisme	der Pazifismus
pacifiste, le pacifiste	pazifistisch, der Pazifist, -in
le pacte	der Pakt
pactiser	paktieren
le page	der Page
paginer	paginieren
la paire	das Paar
pakistanais, -e	pakistanisch, Pakistani, Pakistaner, -in
le palais	der Palast
palatal,-e	palatal
la palatalisation	die Palatalisierung
palataliser	palatisieren
la Palestine	Palästina
palestinien, -ne	palästinensisch
le Palestinien, -ne	der Palästinenser, -in
la palette	die Palette
la palettisation	die Palettierung
palettiser	palettieren
la palissade	die Palisade
la palme	der Palmzweig, die Siegespalme
le palmier	die Palme
le pamphlet	das Pamphlet
le pamphlétaire	der Pamphletist, -in
le pamplemousse	die Pampelmuse (Grapefruit)
la panade	die Panade
le panel	das Panel
paner	panieren
le paniquard	der Panikmacher
la panique	die Panik
paniquer	in Panik geraten, versetzen
la panne	die Panne
le panorama	das Panorama
la panthère	der Panther
le papa	der Papa
le papier	das Papier
le papyrus	der Papyrus
le paquet	das Paket
la parabole	die Parabel
la parade	die Parade

Les mots partagés FRANÇAIS-ALLEMAND

le paradigme	das Paradigma
le paradis	das Paradies
paradisiaque	paradiesisch
le paradisier	der Paradiesvogel
le paradoxe	das Paradox
parallèle	parallel
le parallèle	die Parallele
le parallélisme	der Parallelismus
le parallélogramme	das Parallelogramm
le paraphe	die Paraphe
parapher	paraphieren
le parasite	der Parasit
le parasitisme	das Parasitismus
le parc	der Park
le parcage	die Parzelle
parcelliser	parzellieren
le parfum	das Parfüm
parfumer	parfümieren
la parfumerie	die Parfümerie
parisien, -ne	pariserisch
paritaire	paritätisch
la parité	die Parität
le parka	der/die Parka (Anorak mit Kapuze)
le parking	der Parkplatz
le parlement	das Parlament
parlementaire	parlamentarisch
le parlamentaire	der Parlamentarier, der Parlamentär
la parodie	die Parodie
parodier	parodieren
la parodontose	die Parodontose
parquer	parken
le parquet	das Parkett
parqueter	parkettieren
le, la partenaire	der Partner, -in
le parti	die Partei, die Partie (zur Verheiratung)
la particule	die Partikel
le partisan, la partisane	der Partisan
la partition	die Partitur
le passage	die Passage
le passager, -ère	der Passagier
le passant, -e	der Passant, -in
passer	passieren
la passion	die Passion
la passivité	die Passivität
le pastel	der Pastell (Pastellstift), das Pastell (Pastellgemälde)
la pasteurisation	die Pasteurisierung
pasteuriser	pasteurisieren
pastoral, -e	pastoral

Les mots partagés *FRANÇAIS-ALLEMAND*

le pat	das Patt (Schachspiel)
la pâte	die Paste
le paternalisme	der Paternalismus
pathétique	pathetisch
le pathétique	das Pathetische
le pathologiste	der Pathologe, -in
le patient, la patiente	der Patient, -in
la patine	die Patina
patriarcal, -e	patriarchalisch
le, la patriote	der Patriot, -in
patriotique	patriotisch
le patriotisme	der Patriotismus
le patron, la patronne	der Patron, -in
le patronage	das Patronat
la patrouille	die Patrouille
patrouiller	patrouillieren
la pause	die Pause
le pavillon	der Pavillon ; das Einfamilienhaus
la pédagogie	die Pädagogik
pédagogique	pädagogisch
le, la pédagogue	der Pädagoge, -in
la pédicure	die Pediküre
le peeling	das Peeling
Pékin	Peking
le pékinois, -e	Einwohner von Peking
le pékinois	der Pekinese (Hund)
le pélican	der Pelikan
la pellagre	das Pellagra
le pendule	das Pendel,
la pendule	die Penduluhr
pénible *(mühevoll, schmerzlich, schwierig)*	penibel *(kleinlich)*
la pension	die Pension
le pensionnat	das Pensionat
pensionner	pensionieren
la pepsine	das Pepsin
la période	die Periode
périodique	periodisch
la périphérie	die Peripherie
périphérique	peripher
le périscope	das Periskop
périscopique	periskopisch
la perle	die Perle
permissif, -ve	permissiv
le Pérou	Peru
la perruque	die Perücke
persan, -e	persisch
le Persan, -e	der Perser, -in

Les mots partagés FRANÇAIS-ALLEMAND

perse	(alt) persisch
la Perse	Persien
le, la Perse	der Perser, -in
le persil	die Petersilie
le golfe persique	der Persische Golf
le personnage	die Persönlichkeit, die Person
la personnalité	die Person
personnel, -le	persönlich
le personnel	das Personal
la personnification	die Personifizierung
personnifier	personifizieren
perspectif, -ve	perspektivisch
la perspective	die Perspektive
péruvien, -ne	peruanisch, Peruaner, -in
pervers, -e	pervers
la perversité	die Perversität
le pessimisme	der Pessimismus
pessimist, -e	pessimistisch
le pessimist, -e	der Pessimist, -in
la peste	die Pest
la pétition	die Petition
la pétrochimie	die Petrochemie
pétrochimique	petrochemisch
les pétrodollars	der Petrodollar
le pétrole	das Petroleum
la phalange	die Phalanx
pharisaïque	pharisäisch
le pharisien	der Pharisäer
pharmaceutique	pharmazeutisch
la pharmacie	die Pharmazie, die Pharmazeutik
pharmacien, -ne	der Pharmazeut, -in
la phase	die Phase
la Phénicie	Phönizien
phénicien	phönizisch, Phönizier, -in
le phénix	der Phönix
le phénomène	das Phänomen
Philadelphie	Philadelphia
le philantrope	der Philanthrop, -in
philantropique	philanthropisch
la philharmonie	die Philharmonie
philharmonique	philharmonisch
les Philippines	die Philippinen
le philistin	der Philister
la philologie	die Philologie
philologique	philologisch
le philologue	der Philologe, -in
la phobie	die Phobie
le phone	das Phon

Les mots partagés FRANÇAIS-ALLEMAND

le phonème	das Phonem
phonémique	phonemisch
phonétique	phonetisch
la phonétique	die Phonetik
la phonothèque	die Phonothek
le phosphate	das Phosphat
le phosphore	der Phosphor
la phosphorescence	das Phosphoreszieren
phosphorescent, -e	phosphoreszierend
la phosphorite	der Phosphorit
la photo	das Foto
la photochimie	die Photochemie
la photocopie	die Fotokopie
photocopier	fotokopieren
photoélectrique	photoelektrisch
photogénique	fotogen
le photographe	der Fotograf
la photographie	die Fotografie
photographier	fotografieren
photographique	fotografisch
photolithographie	die Photolithographie
le photomontage	der Fotomontage
la phrase	die Phrase
phraséologique	phraseologisch
phraser	phrasieren
le physicien, -ne	der Physiker, -in
la physiologie	die Physiologie
le physiologiste	der Physiologe, -in
la physionomie	die Physiognomie
la physiothérapie	die Physiotherapie
physique	physisch, physikalisch
la physique	die Physik
le pianiste	der Pianist
piano	piano (leise)
le piano	das Piano
le picador	der Pikador
le Piémont	Piemont
le piétisme	der Pietismus
le pigment	das Pigment
le pilote	der Pilot
la pinacothèque	die Pinakothek
la pincette	die Pinzette
le pingouin	der Pinguin
le ping-pong	das Pingpong
le pionnier,-ère	der Pionier
la pipeline	die Pipeline
la pipette	die Pipette
piquant, -e	pikant

Les mots partagés *FRANÇAIS-ALLEMAND*

la pique	die Pike, das Pik (Kartenspiel)
le pique-nique	das Picknick
pique-niquer	picknicken
piquer	pieken
le piqueur/piqueux	der Pikör (Jagd)
le pirate	der Pirat
le Pirée	Piräus
la pirogue	die Piroge
la pirouette	die Pirouette
Pise	Pisa
pisser	pissen
la pistache	die Pistazie
la piste	die Piste
le pistolet	die Pistole
le placard	das Plakat
la place	der Platz
le plagiaire	der Plagiator
le plagiat	das Plagiat
plagier	plagiieren
le plaid	das Plaid (Reisedecke)
la plaidoirie	das Plädoyer
Plaisance	Piacenza
le plan	der Plan
la planche	die Planke
planer	planieren
le planétarium	das Planetarium
la planète	der Planet
la planification	die Planung
la planimétrie	die Planimetrie
planimétrique	planimetrisch
la plante	die Pflanze
planter	pflanzen
le planteur	der Pflanzer
la plaque	die Platte, die Plakette
la plaquette	die Plakette
le plasme	das Plasma
la plasticité	die Plastizität
plastique	plastisch
le plastique	das Plastik
plat, plate	platt
le platane	die Platane
le plateau	das Plateau, der Plattenteller
la platine	das Platin
platiner	platinieren
plausible	plausibel
le play-back	das Play-back
la plèbe	der Plebs
plébéien, -ne	plebejisch

Les mots partagés FRANÇAIS-ALLEMAND

le pléonasme	der Pleonasmus
le plexiglas	das Plexiglas
le plissé	das Plissee
le plombage	das Plombieren, die Plombe (Zahn)
plombé, -e	plombiert
plomber	plombieren
le ploutocrate	der Plutokrat
la ploutocratie	die Plutokratie
ploutocratique	plutokratisch
le pluralisme	der Pluralismus
pluraliste	pluralistisch
le pluriel	der Plural
le plus-que-parfait	das Plusquamperfekt
le Pô	der Po
le podium	das Podium
la poésie	die Poesie
poétique	poetisch
le pogrom(e)	der Pogrom
le poireau	der Porree
le poker	das Poker
polaire	polar
la polarisation	die Polarisation
polariser	polarisieren
la polarité	die Polarität
le pôle	der Pol
polémique	polemisch
polémiquer, polémiser	polemisieren
le polémiste	der Polemiker, -in
la polenta	die Polenta
la police	die Polizei
la police	die Police
le policier	der Polizist
la policlinique	die Poliklinik
polir	polieren
le politicien, -ne	der Politiker, -in
politique	politisch
la politique	die Politik
la politisation	die Politisierung
politiser	politisieren
la politologie	die Politologie
le, la politologue	der Politologe, -in
le pollen	der Pollen
la Pologne	Polen
(le) polonais, -e	polnisch, der Pole, -in
la polonaise	die Polonäse (Tanz)
le polyester	der Polyester
la polygamie	die Polygamie
(le) polyglotte	der Polyglotte, -in, polyglott

le polygone	das Polygon
les polymères (m.)	die Polymere
le polynôme	das Polynom
le polype	der Polyp
la polyphonie	die Polyphonie
polyphonique	polyphon
la polysémie	die Polysemie
le polystyrène	das Polystyrol
polytechnique	polytechnisch
polyvalent, -e	polyvalent
la Poméranie	Pommern
la pomologie	die Pomologie (Obstkunde)
la pompe	der Pomp ; die Pumpe
Pompéi	Pompeji
pomper	pumpen
pompeux, -euse	pompös
la ponction	die Punktion, die Punktur
la ponctualité	die Pünktlichkeit,
la ponctuation	die Interpunktion
ponctuel, -le	pünktlich, punktuell, punktförmig
le poney	das Pony
pontifical, -e	pontifikal
le ponton	der Ponton
le pool	der Pool
la popeline	der Popelin(e)
populaire	populär
la population	die Population
populiste	populistisch
la porcelaine	das Porzellan
le pore	die Pore
poreux, -se	porös
la pornographie	die Pornographie
le porphyre	der Porphyr
le porreau (SUISSE)	der Porree
le port	das Porto
le portail	das Portal
le portemonnaie	das Portemonnaie
le portier, -ère	der Portier
la portion	die Portion
le porto	der Portwein
le portrait	das Porträt
portraiturer	portugiesisch, der Portugiese, -in
le portugais	das Portugiesische, portugiesisch
positif, -ve	positiv
la poste	die Post
le poste	der Posten
le poster	das Poster, der Poster
postglaciaire	postglazial

Les mots partagés *FRANÇAIS-ALLEMAND*

posthume	postum
la postposition	die Postposition
le postscriptum	das Postskriptum
le postulat	das Postulat
la posture	die Positur
potentiel, -le	potentiell
le potentiel	das Potential
le potentiomètre	der Potentiometer
le pot-pourri	das Potpourri
le pouding	der Pudding
la poudre	das Puder, das Pulver
poudrer	pudern
les Pouilles	Apulien
le pouls	der Puls
la poupée	die Puppe
la pourpre	der Purpur (Stoff)
le pourpre	purpurfarben, der Purpur
pragmatique	pragmatisch
le pragmatisme	der Pragmatismus
Prague	Prag
la praline	die Praline
praliner	pralinieren
le praticien, -ne	der Praktiker, -in, praktischer Arzt, praktische Ärztin
pratique	praktisch
la pratique	die Praxis
le préambule	die Präambel
précaire	prekär
précis, -e	präzis
la précision	die Präzision
précolombien, -ne	präkolumbisch
le prédicateur	der Prediger
la préexistence	die Präexistenz
la préfecture	die Präfektur
le préfet	der Präfekt
le préfixe	das Präfix
le prélat	der Prälat
le prélude	das Präludium
préluder	präludieren
la prémisse	die Prämisse
la préparation	das Präparieren, das Präparat
la préposition	die Präposition
prépositionnel, -le	präpositional
le présent	das Präsens
le préservatif	das Präservativ
le président	der Präsident
la presse	die Presse
presser	pressen
le prestige	das Prestige

Les mots partagés *FRANÇAIS-ALLEMAND*

le prétérit	das Präteritum
préventif, -ve	präventiv
le primat	der Primas; der/das Primat
la prime	die Prämie
primer	prämieren
primitif, -ve	primitiv
le prince	der Prinz ; der Fürst
la princesse	die Prinzessin
le principe	das Prinzip
le priorat	das Priorat
la priorité	die Priorität
le prisme	das Prisma
privatif, -ve	privativ
privatiser	privatisieren
le privilège	das Privileg
privilégié, -e	privilegiert
privilégier	privilegieren
le prix	der Preis
la problématique	die Problematik
problématique	problematisch
le problème	das Problem
la procédure	die Prozedur
le procès	der Prozess
la procession	die Prozession
le processus	der Prozess
la procuration	die Prokura
le prodrome	das Prodrom
productif, -ve	produktiv
la production	die Produktion
la productivité	die Produktivität
produire	produzieren
le produit	das Produkt
le professeur	der Professor, -in
le profil	das Profil
profiler	profilieren
le profit	der Profit
profiter	profitieren
la programmation	die Programmierung
le programme	das Programm
programmer	programmieren
le programmeur,- euse	
le programmateur, - trice	der Programmierer
le prologue	der Prolog
la promenade	die Promenade
prompt, -e	prompt
le pronom	das Pronomen
pronominal, -e	pronominal
le pronostic	die Prognose

pronostique	prognostisch
pronostiquer	prognostizieren
la propagande	die Propaganda
propagandiste	propagandistisch
le, la propagandiste	der Propagandist, -in
le propane	das Propan(gas)
le prophète	der Prophet
prophétique	prophetisch
prophétiser	prophezeien
prophylactique	prophylaktisch
la prophylaxie	die Prophylaxe
la proportion	die Proportion
prosaïque	prosaisch
la prose	die Prosa
le prospecteur, -trice	der Prospektor
la prospection	die Prospektion
le prospectus	der Prospekt
la prostituée	die Prostituierte
se prostituer	sich prostituieren
la prostitution	die Prostitution
le protectionnisme	der Protektionismus
protectionniste	protektionistisch
le protectionniste	der Protektionist
le protectorat	das Protektorat
la protéine	das Protein
protestant, -e	protestant
le protestant	der Protestant, -in
le protestantisme	der Protestantismus
la protestation	der Protest
protester	protestieren
la prothèse	die Prothese
protocolaire	protokollarisch
le protocole	das Protokoll
le prototype	der Prototyp
la protubérance	die Protuberanz
provençal, -e	provenzalisch
le provençal	der Provenzale, -in, das Provenzalische
la province	die Provinz
provincial, -e	provinziell
la provision	die Provision
provisoire	provisorisch
provocant, -e	provozierend
provocateur, -trice	provokatorisch
le provocateur	der Provokateur
la provocation	die Provokation
provoquer	provozieren
prude	die Prüderie
la Prusse	Preußen

Les mots partagés *FRANÇAIS-ALLEMAND*

prussien,-ne	preußisch
le prussien, -ne	der Preuße, -in
psalmodier	psalmodieren
le psaume	der Psalm
le pseudonyme	das Pseudonym
pseudonyme	pseudonym
la psychanalyse	die Psychoanalyse
le psychanalyste	der Psychoanalytiker
psychanalytique	psychoanalytisch
psychédélique	psychedelisch
le psychiatre	der Psychiater
la psychiatrie	die Psychiatrie
psychiatrique	psychiatrisch
psychique	psychisch
la psychologie	die Psychologie
psychologique	psychologisch
le psychologue	der Psychologe
psychomoteur, -trice	psychomotorisch
la psychomotricité	die Psychomotorik
le psychopathe	der Psychopath, psychopathisch
la psychose	die Psychose
psychosomatique	psychosomatisch
la psychosomatique	die Psychosomatik
la psychotechnique	die Psychotechnik
la psychothérapie	die Psychotherapie
le psychomètre	der Psychometer
le public	das Publikum
la publication	die Publikation
le pull	der Pulli
le pullover	der Pullover
le pulsar	der Pulsar
la pulsation	das Pulsieren
pulvériser	pulverisieren
le puma	der Puma
le punch	der Punsch
le punch	der Punch
la purée	das Püree
le purisme	der Purismus
puriste	puristisch
le puriste	der Purist, -in
puritain, -e	puritanisch
le puritain	der Puritaner, -in
le puritanisme	der Puritanismus
le putsch	der Putsch
le putschiste	der Putschist
le puzzle	das Puzzle
le pygmée	der Pygmäe
le pyjama	der Pyjama

le pylône	der Pylon
la pyramide	die Pyramide
les Pyrénées	die Pyrenäen
la pyrite	der Pyrit
le pyromane	der Pyromane
la pyrotechnie	die Pyrotechnik
pyrotechnique	pyrotechnisch
le python	der Python

q

le quadrant	der Quadrant
quadratique	quadratisch
la quadrature	die Quadratur
le quadrille	die Quadrille
la quadriphonie	die Quadriphonie
le quai	der Kai
la qualification	die Qualifizierung
qualifier	qualifizieren
qualitatif, -ve	qualitativ
la qualité	die Qualität
le quantificateur	der Quantor
quantitatif, -ve	quantitativ
la quantité	die Quantität
la quarantaine	die Quarantäne
la quarte	die Quarte, die Quart
le quarté	das Quartett
le quartz	der Quartz
le lac des Quatre-Cantons	der Vierwaldstättersee
Québec	Quebec
québécois, -e	aus Québec
la quille	der Kiel
la quinine	das Chinin
la quinte	die Quint(e)
la quintessence	die Quintessenz
la quittance	die Quittung
le quorum	das Quorum
le quotient	der Quotient

r

le rabais	der Rabatt
le rabbin	der Rabbiner
la race	die Rasse
racé, -e	rassig
rachitique	rachitisch

Les mots partagés *FRANÇAIS-ALLEMAND*

le rachitisme	die Rachitis
le racisme	der Rassismus
raciste	rassistisch
le raciste	der Rassist, -in
le radar	der Radar
radical, -e	radikal
le radical	das Radikal
le radicalisme	der Radikalismus
la radiesthésie	die Radiästesie
la radio	das Radio
radioactif, -ve	radioaktiv
la radioastronomie	die Radioastronomie
la radiochimie	die Radiochemie
la radiologie	die Radiologie
le radiologue	der Radiologe
la radiotechnique	die Radiotechnik
la radiothérapie	die Radiotherapie
le radis	das Radieschen
le radium	das Radium
le raffinage	das Raffinieren
le raffinement	die Raffinesse
raffiner	raffinieren
la raffinerie	die Raffinerie
le raglan	der Raglanmantel
le ragoût	das Ragout
le raisin	die Rosine
le râle (oiseau)	die Ralle
la rampe	die Rampe
le rang	der Rang
la rareté	die Rarität
raser	rasieren
le rat	die Ratte
la ratatouille	die Ratatouille
la ratification	die Ratifizierung
ratifier	ratifizieren
la ration	die Ration
la rationalisation	die Rationalisierung
rationaliser	rationalisieren
le rationalisme	der Rationalismus
rationaliste	rationalistisch
le rationaliste	der Rationalist, -in
rationnel, -le	rationell
le rationnement	die Rationierung
rationner	rationieren
Ratisbonne	Regensburg
Ravenne	Ravenna
la razzia	die Razzia
le réacteur	der Reaktor

Les mots partagés FRANÇAIS-ALLEMAND

la réaction	die Reaktion
(le) réactionnaire	reaktionär, Reaktionär, -in
la réactivation	die Reaktivierung
réagir	reagieren
réalisable	realisierbar
le réalisme	der Realismus
(le) réaliste	realistisch , der Realist, -in
la réalité	die Realität
le rebelle	der Rebell
se rebeller	rebellieren
la récapitulation	die Rekapitulation
récapituler	rekapitulieren
récéptif,-ve	rezeptiv
la récession	die Rezession
la recette	das Rezept
la recherche	die Recherche
rechercher	recherchieren
le récitatif	das Rezitativ
la récitation	das Rezitieren
la réclamation	die Reklamation
la réclame	die Reklame
le record	der Rekord
la recrue	der Rekrut
le recteur	der Rektor
le recyclage	das Reycling
le rédacteur	der Redakteur
la rédaction	die Redaktion
rédiger	redigieren
la réduction	die Reduzierung
réduire	reduzieren
réel, -le	real
les références	die Referenzen
le réflecteur	der Reflektor
le reflet	der Reflex
le réflexe	der Reflex
la réflexion	die Reflexion
le réformateur, -trice	der Reformer,-in ; der Reformator
la réforme	die Reform
la Réforme	die Reformation (Luther)
réformer	reformieren
le refrain	der Refrain
la régate	die Regatta
régénérer	regenerieren
le régent	der Regent, -in
la régie	die Regie
le régime	das Regime
le régiment	das Regiment
la région	die Region

92

Les mots partagés *FRANÇAIS-ALLEMAND*

régional, -e	regional
régir	regieren (grammatisch)
le registre	das Register
la règle	die Regel
le réglement	die Regelung, das Reglement
régler	regeln
régner	regieren
régulariser	regeln, regulieren
la régulation	die Regulierung
la réhabilitation	die Rehabilitierung
réhabiliter	rehabilitieren
le relais	das Relais
relatif, -ve	relativ
la relativité	die Relativität
le relief	das Relief
religieux, -se	religiös
la religion	die Religion
remilitariser	remilitarisieren
la rémoulade	die Remoulade
la Renaissance	die Renaissance
le renégat, -e	der Renegat
le renne	das Ren (Rentier)
la rénovation	die Renovierung
rénover	renovieren
la rentabilité	die Rentabilität
rentable	rentabel
la rente	die Rente
le rentier, -ère	der Rentner,-in
réparable	reparabel
la réparation	die Reparatur
réparer	reparieren
le répertoire	das Repertoire
le reportage	die Reportage
le reporter	der Reporter
les représailles	die Repressalien
représentatif, -ve	repräsentativ
représenter	repräsentieren
répressif,-ve	repressiv
la répression	die Repression
la reproduction	die Reproduktion
la réprographie	die Reprographie
le reptile	das Reptil
républicain, -e	republikanisch
le républicain, -e	der Republikaner,-in
la république	die Republik
la réquisition	die Requisition
la résection	die Resektion
la réservation	die Reservierung, die Reserve, das Reservat

Les mots partagés FRANÇAIS-ALLEMAND

réservé, -e	reserviert
réserver	reservieren
le réserviste	der Reservist
le réservoir	das Reservoir
la résidence	die Residenz
résider	residieren
la résignation	die Resignation
résigné, -e	resigniert
se résigner	resignieren
la résonance	die Resonanz
résorber	resorbieren
la résorption	die Resorption
le respect	der Respekt
respecter	respektieren
le ressentiment	das Ressentiment
le restant	der Rest
le restaurant	das Restaurant
le restaurateur, -trice	der Restaurator, -in
la restauration	die Restaurierung, die Restauration (hist.)
le reste	der Rest
le résultat	das Resultat
résulter	resultieren
la retouche	die Retusche
retoucher	retuschieren
la rétrospective	die Retrospektive
la rétroversion	die Retroversion (Rückübersetzung)
(le) revanchard, -e	revanchistisch, der Revanchist
réviser	revidieren
le réviseur	der Revisor
la révision	die Revision
le révisionnisme	der Revisionismus
(le) révisionniste	revisionistisch, der Revisionist, -in
la révolution	die Revolution
(le) révolutionnaire	revolutionär, der Revolutionär, -in
révolutionner	revolutionieren
le revolver	der Revolver
la revue	die Revue
rhénan, -e	rheinisch
la Rhénanie	das Rheinland
la Rhénanie-Palatinat	Rheinland-Pfalz
la Rhénanie-Westphalie	Nordrhein-Westfalen
le rhéostat	der Rheostat
la Rhétie	Rätien
le rhétoricien, -ne	der Rhetoriker
la rhétorique	die Rhetorik
le Rhin	der Rhein
le rhinocéros	das Rhinozeros
Rhodes	Rhodos

Les mots partagés FRANÇAIS-ALLEMAND

rhombique	rhombisch
le Rhône	die Rhone
la rhubarbe	der Rhabarber
le rhum	der Rum
le rhumatisant, -e	der Rheumatiker, -in
rhumatismal,- e	rheumatisch
le rhumatisme	der Rheumatismus, das Rheuma
riche	reich
le ricin	der Rizinus
le rigoriste	der Rigorist, -in
rigoureux, -se	rigoros
la rime	der Reim
rimer	reimen
le ring	der Ring (Boxen)
risquer	riskieren
le rite	der Ritus
la ritournelle	das Ritornell
rituel, -le	rituell
le rituel	das Ritual
rival, -e	rivalisierend
le, la rivale	der Rivale, die Rivalin
rivaliser	rivalisieren
la rivalité	die Rivalität
le riz	der Reis
la robe	die Robe (Justiz)
le robot	der Roboter
robuste	robust
les Rocheuses	die Rocky Mountains
le rock	der Rock (and Roll)
le rococo	das Rokoko
le rodéo	der/das Rodeo
le rôle	die Rolle
(le) romain, -e	römisch, Römer, -in
roman, -e	romanisch (Sprache), die Romanik
le roman	der Roman
la romance	die Romanze
romaniser	romanisieren (römisch-katholisch machen)
le romaniste	der Romanist, -in
(le) romantique	romantisch; das Romantische; der Romantiker, - in
le romarin	der Rosmarin
Rome	Rom
rond, -e	rund; das Rund
la ronde	die Runde, der Rundgang
le rondeau	das Rondo
le rosbif	das Roastbeef
la rose	die Rose,
le rose	das Rosa (Farbe)
rose	rosa (Farbe)

Les mots partagés FRANÇAIS-ALLEMAND

le mont Rose	der Monte Rosa
la rosette	die Rosette
rotatif, -ve	rotierend
la rotation	die Rotation
rotatoire	rotierend
rôtir	rösten
le rôtissage	das Rösten
la rotonde	die Rotunde
le rotor	der Rotor
le rouble	der Rubel
la roulade	die Roulade
le rouleau	die Rolle
le roulement	das Rollen
rouler	rollen
la roulette	das Roulett
roumain, -e	rumänisch ; der Rumäne,-in, das Rumänische, das Rumänisch
la Roumanie	Rumänien
le round	die Runde (Sport)
la roupie	die Rupie
la routine	die Routine
royaliste	royalistisch
le Rubicon	der Rubikon
le rubis	der Rubin
la rubrique	die Rubrik
le rudiment	das Rudiment
la ruine	die Ruine; der Ruin
ruiner	ruinieren
(le) russe	russisch; der Russe, die Russin; das Russische; das Russisch
la Russie	Russland
russifier	russifizieren
le rythme	der Rhythmus

S

le sabbat	der Sabbat
le sabotage	die Sabotage
saboter	sabotieren
le saboteur, -se	der Saboteur, -in
le sabre	der Säbel
le sac	der Sack
sacramentel, -le	sakramental
le sacrement	das Sakrament
la sacristie	die Sakristei
sadique	sadistisch
le,la sadique	der Sadist, -in

Les mots partagés *FRANÇAIS-ALLEMAND*

le safran	der Safran
la saga	die Saga (Epos)
le Sahara	die Sahara
saharien, -ne	(aus der) Sahara
le Saint-Gothard	der Sankt-Gotthard
Saint-Jacques-de-Compostelle	Santiago de Compostela
le Saint-Laurent	der Sankt-Lorenz-Strom
Saint-Marin	San Marino
Saint-Pétersbourg	Sankt Petersburg
Saint-Sébastien	San Sebastián
la salade	der Salat
la salamandre	der Salamander
Salamanque	Salamanca
Salerne	Salerno
la salle	der Saal
le salon	der Salon
Salonique	Saloniki
le salpêtre	der Salpeter
saluer	salutieren
le Salvador	El Salvador
la salve	die Salve
Salzbourg	Salzburg
le samovar	der Samowar
le sanatorium	das Sanatorium
la sanction	die Sanktion
sanctionner	sanktionieren
le sanctuaire	das Sanktuarium
le sanctus	das Sanktus
la sandale	die Sandale
la sandalette	die Sandalette
le sandre	der Zander
le sandwich	das Sandwich
le sanguin	der Sanguiniker
le saphir	der Saphir
le sarcasme	der Sarkasmus
sarcastique	sarkastisch
le sarcophage	der Sarkophag
la Sardaigne	Sardinien
(le) sarde	sardisch ; der Sarde, -in
la sardine	die Sardine
la mer des Sargasses	die Sargassosee
sarrasin, -e	sarazenisch; der Sarazene, die Sarazenin
la Sarre	die Saar
Sarrebruck	Saarbrücken
satanique	satanisch
le satellite	der Satellit
le satin	der Satin
satiné, -e	satiniert

Les mots partagés *FRANÇAIS-ALLEMAND*

la satire	die Satire
satirique	satirisch
le satirique	der Satiriker
le satyre	der Satyr
la sauce	die Soße
le sauna	die Sauna
la savane	die Savanne
la Savoie	Savoyen
savoyard, -e	savoyisch ; Savoyer, -in
la Saxe	Sachsen
saxon, saxonne	sächsisch
le saxophone	das Saxophon
le saxo(phoniste)	der Saxophonist
le scalp	der Skalp
le scalpel	das Skalpell
scalper	skalpieren
le scandale	der Skandal
scandaleux, -se	skandalös
scander	skandieren
(le) scandinave	skandinavisch; der Skandinavier, -in
la Scandinavie	Skandinavien
le scarabée	der Skarabäus
la scène	die Szene
scénique	szenisch
(le) sceptique	skeptisch, der Skeptiker, -in
le sceptre	das Zepter
Schaffhouse	Schaffhausen
le schéma	das Schema
schématique	schematisch
le schisme	das Schisma
schizophrène	schizophren
le schizophrène	der Schizophrene
la schizophrénie	die Schizophrenie
le schnaps	der Schnaps
le schnauzer	der Schnauzer (Hunderasse)
le schooner	der Schoner
la sclérose	die Sklerose
sclérotique	sklerotisch
le scorbut	der Skorbut
le scorpion	der Skorpion
le scrupule	der Skrupel
Sébastopol	Sewastopol
la sécante	die Sekante
sécession (guerre de -)	der Sezessionskrieg
le/la secrétaire	der Sekretär, die Sekretärin
le secrétaire	der Sekretär (Möbel)
le secrétariat	das Sekretariat
sectaire, le sectaire	sektiererisch, der Sektierer

Les mots partagés FRANÇAIS-ALLEMAND

la secte	die Sekte
le secteur	der Sektor
le segment	das Segment
segmentaire	segmentär
Ségovie	Segovia
le sélénium	das Selen
Sélestat	Schlettstadt
le semestre	das Semester
le séminaire	das Seminar
le séminariste	der Seminarist
la sémiologie	die Semiologie
le sémioticien, -ne	der Semiotiker, -in
sémiotique	semiotisch
la sémiotique	die Semiotik
(le) sémite	semitisch; der Semite, -in
sémitique	semitisch (Sprache)
le Sénat	der Senat
le Sénégal	der Senegal
sénégalais, -e	senegalesisch, senegalisch, der Senegalese, die Senegalesin
sénile	senil
la sénilité	die Senilität
le senior	der Senior (Sport)
sensationnel, -le	sensationell
la sensibilisation	die Sensibilisierung
la sensibilité	die Sensibilität
sensible	sensibel
sensoriel, -le	sensorisch
le sensualisme	der Sensualismus
(le) sensualiste	sensualistisch; der Sensualist, -in
sentimental, -e	sentimental
la sentimentalité	die Sentimentalität
Séoul	Seoul
séparatiste	separatistisch
le, la séparatiste	der Separatist, -in
septembre	der September
septique	septisch
la séquence	die Sequenz
la séquestration	die Sequestration
le sérail	der Serail
le séraphin	der Seraph
serbe	serbisch, der Serbe, -in
la Serbie	Serbien
la sérénade	die Serenade
séreux, -se	serös
la serge	die Serge (Stoff)
le sérum	das Serum
le service	der Service, das Service

Les mots partagés FRANÇAIS-ALLEMAND

la serviette	die Serviette
Séville	Sevilla
le sexe	der Sex
le sexisme	der Sexismus
sexuel, -le	sexuell
le shampoing	das Shampoo
le short	die Shorts
le show	die Show
la Sibérie	Sibirien
sibérien, -ne	sibirisch
la Sicile	Sizilien
sicilien, -ne	sizilianisch; Sizilianer, -in
Sienne	Siena
Sierre	Siders
le signal	das Signal
signaliser	signalisieren
la signalisation	die Signalisierung, die Signalisation
le signifié	das Signifikat (Wortinhalt)
la Silésie	Schlesien
silésien, -ne	schlesisch; Schlesier, -in
la silhouette	die Silhouette
le silicium	das Silizium
le silo	der/das Silo
la simonie	die Simonie
la simulation	das Simulieren/die Simulation
simuler	simulieren
simultanée (la traduction -)	die Simultanübersetzung
le simultanéisme	die Simultantechnik
le Sinaï	der Sinai
Singapour	Singapur
le sinus	der Sinus
Sion	Zion
Sion	Sitten
le siphon	der Siphon
la sirène	die Sirene
le sirop	der Sirup
le sismographe	der Seismograph
la situation	die Situation
la sixte	die Sexte
le sketch	der Sket(s)ch
le slalom	der Slalom
(le) slave	slawisch, der Slawe, -in
slaviser	slawisieren
le slip	der Slip
le slogan	der Slogan
(le) slovaque	slowakisch, der Slowake, -in
la Slovaquie	die Slowakei
(le) slovène	slowenisch, der Slowene, -in

Les mots partagés *FRANÇAIS-ALLEMAND*

la Slovénie	Slowenien
Smalkalde	Schmalkalden
le smoking	der Smoking
Smyrne	Smyrna
le snob	der Snob
snob	snobistisch
le snobisme	der Snobismus
social, -e	sozial
(le) social-démocrate	soziodemokratisch; der Soziodemokrate, -in
la social-démocratie	die Sozialdemokratie
la socialisation	die Sozialisation
socialiser	sozialisieren
le socialisme	der Sozialismus
(le) socialiste	sozialistisch, der Sozialist, -in
le sociodrame	das Soziodrama
la sociologie	die Soziologie
le, la sociologue	der Soziologe, die Soziologin
le socle	der Sockel
Sodome	Sodom
la sodomie	die Sodomie
le sofa	das Sofa
le soja	die Sojabohne
le solarium	das Solarium
le soldat	der Soldat
la solde	der Sold
le solde	das Saldo
Soleure	Solothurn
solidaire	solidarisch
la solidarité	die Solidarität
solide	solid(e)
le, la soliste	der Solist, -in
le solo	das Solo
(le) somali, -e	somalisch, der, die Somali
la Somalie	Somalia
somalien, -ne	somalisch
somatique	somatisch
sommaire	summarisch
la somme	die Summe
sommer	summieren
la sonate	die Sonate
la sonatine	die Sonatine
le sonnet	das Sonett
sophistique	sophistisch
(le) sorabe	sorbisch, der Sorbe, -in
le sorbet	der/das Sorbet(t)
la Souabe, souabe, le Souabe	Schwaben, schwäbisch, der Schwabe
la soubrette	die Soubrette
le Soudan	der Sudan

Les mots partagés *FRANÇAIS-ALLEMAND*

(le) soudanais, -e	sudanesisch, der Sudanese, die Sudanesin
le souffleur,-euse	der Souffleur, die Souffleuse (Theater)
la soupe	die Suppe
souper	soupieren
le souper	das Souper
le souscripteur, -trice	der Subskribent
la souscription	die Subskription
sous-cutané, -e	subkutan
la soustraction	die Subtraktion
soustraire	subtrahieren
(le) souverain, -e	souverän, der Souverän
la souveraineté	die Souveränität
le soviet	der Sowjet
soviétique	sowjetisch
le soya, le soja	die Soja
Sparte	Sparta
spasmodique, spastique	spastisch
la spatule	die Spachtel, der Spatel
spécial, -e	speziell, Spezial...
la spécialisation	die Spezialisierung
(se) spécialiser	(sich) spezialisieren
le, la spécialiste	der Spezialist, -in
la spécialité	die Spezialität
la spécification	die Spezifizierung
spécifier	spezifizieren
spécifique	spezifisch
le spectacle	das Spektakel
spectaculaire	spektakulär
le spectre	das Spektrum
le spéculateur, -trice	der Spekulant,-in
spéculatif, -ve	spekulativ
la spéculation	die Spekulation
spéculer	spekulieren
la sphère	die Sphäre
sphérique	sphärisch
le sphinx	die Sphinx
spinal, -e	spinal
la spirale	die Spirale
Spire	Speyer
spirite	spiritisch
le spirite	der Spiritist,-in
le spiritisme	der Spiritismus
les spiritueux	die Spirituosen
Spolète	Spoleto
spontané, -e	spontan
la spontanéité	die Spontaneität
sporadique	sporadisch
le spore	die Spore

Les mots partagés *FRANÇAIS-ALLEMAND*

le sport	der Sport
sportif, -ve	sportlich
le sportif, -ve	der Sportler
le spot	der Spot
le spray	der/das Spray
la Sprée	die Spree
le squelette	das Skelett
le stabilisateur, -trice	der Stabilisator
la stabilisation	die Stabilisierung
stabiliser	stabilisieren
la stabilité	die Stabilität
stable	stabil
le stade	das Stadion
stagnant	stagnierend
la stagnation	das Stagnieren, die Stagnation
la stalactite	der Stalaktit
la stalagmite	der Stalagmit
la stance	die Stanze
le standard	der Standard
la standardisation	die Standardisierung
standardiser	standardisieren
la star	der Star
le starter	der Starter
le starting-block	der Startblock
la station	die Station
stationnaire	stationär
le stationnement	die Stationierung
statique	statisch
la statique	die Statik
le statisticien, -ne	der Statistiker, -in
statistique	statistisch
la statistique	die Statistik
le stator	der Stator
la statue	die Statue
le statu quo	der Status quo
la stature	die Statur
le statut	der Status
le steak	das Steak
la stéarine	das Stearin
stéarique	Stearin…
la sténo	die Stenografie, die Stenotypistin
la sténodactylo	die Stenotypistin
le sténogramme	das Stenogramm
la sténographie	die Stenografie
sténographier	stenografieren
le stentor	die Stentorstimme
la steppe	die Steppe
la stéréométrie	die Stereometrie

stéréométrique	stereometrisch
la stéréophonie	die Stereophonie
le stéréoscope	das Stereoskop
stéréoscopique	stereoskopisch
le stéréotype	die Stereotypplatte, der/das Stereotyp
la stéréotypie	die Stereotypie
stérile	steril
stériliser	sterilisieren
le stéthoscope	das Stethoskop
le steward	der Steward
la stewardess (MAR)	die Stewardess
le stigmate	die Stigmen, das Stigma
le stimulant, -e	das Stimulans
(le) stoïcien, -ne	stoisch, der Stoiker, -in
le stoïcisme	der Stoizismus
stoïque	stoisch
stop!	Stopp!
le stop	das Stopplicht
Strasbourg	Straßburg
le stratège	der Stratege
la stratégie	die Strategie
stratégique	strategisch
la stratigraphie	die Stratigraphie
la stratosphère	die Stratosphäre
le stress	der Stress
strict, -e	strikt
le striptease	der Striptease
la strophe	die Strophe
structural, -e	strukturell
le structuralisme	der Strukturalismus
le structuraliste	der Strukturalist
structuraliste	strukturalistisch
la structure	die Struktur
structurel, -le	strukturell
la strychnine	das Strychnin
le stuc	der Stuck
le stucateur	der Stuckateur
le studio	das Studio
la stupeur	der Stupor
stuquer	stuckieren
le style	der Stil
le stylet	das Stilett
styliser	stilisieren
le styliste	der Stilist, -in
stylistique	stilistisch
la Styrie	die Steiermark
subcutané, -e	subkutan
subjectif, -ve	subjektiv

Les mots partagés *FRANÇAIS-ALLEMAND*

sublimer	sublimieren
la substance	die Substanz
substantiel, -le	substanziell
le substantif	das Substantiv
substantivé, -e	substantiviert
le substrat	das Substrat
la subvention	die Subvention
subventionner	subventionieren
le sud	der Süd(en)
les Sudètes	die Sudeten
la Suède	Schweden
suédois, -e	schwedisch
le Suédois	der Schwede
le suffixe	das Suffix
suggérer	suggerieren
suggestif, -ve	suggestiv
la suggestion	die Suggestion
la Suisse, suisse	die Schweiz, schweizerisch
le Suisse, la Suisse	der Schweizer, die Schweizerin
la Suissesse	die Schweizerin
le sultan	der Sultan
super	super
le superlatif	der Superlativ
le supplément	das Supplement
la Sûre	die Sauer
le sweater	der Sweater
le swing	der Swing
la syllabe	die Silbe
la sylphe	die Sylphe
la symbiose	die Symbiose
le symbole	das Symbol
symbolique	symbolisch
symboliser	symbolisieren
le symbolisme	der Symbolismus; der Symbolist, -in
symboliste	symbolistisch
la symétrie	die Symmetrie
symétrique	symmetrisch
sympa	sympathisch
la sympathie	die Sympathie
sympathique, le -	sympathisch, der Sympathikus (med.)
sympathiser	sympathisieren
la symphonie	die Sinfonie
symphonique	sinfonisch
le symphoniste	der Sinfoniker
le symposium, le symposion	das Symposium (Tagung)
symptomatique	symptomatisch
la symptomatologie	die Symptomatik

Les mots partagés *FRANÇAIS-ALLEMAND*

le symptôme	das Symptom
la synagogue	die Synagoge
synchrone	synchron
synchronique	synchronisch, synchronistisch
la synchronisation	die Synchronisierung
synchroniser	synchronisieren
le synchronisme	der Synchronismus
le synchrotron	das Synchrotron
la syncope	die Synkope
le syndic	der Syndikus
le syndicat	das Syndikat
le syndrome	das Syndrom
synodal, -e	synodal
le synode	die Synode (Kirchentag)
(le) synonyme	synonym, das Synonym
la synonymie	die Synonymik
synonymique	synonym
le synopsis	die Synopsis
synoptique	synoptisch
la syntaxe	die Syntax
syntaxique	syntaktisch
la synthèse	die Synthese
synthétique	synthetisch
la syphilis	die Syphilis
Syracuse	Syrakus
syriaque	(alt)syrisch
la Syrie	Syrien
(le) syrien, -ne	syrisch ; Syrer,-in
systématique	systematisch
systématiser	systematisieren
le système	das System
la systole	die Systole
Szczecin	Stettin

t

le tabac	der Tabak
la tabatière	die Tabaksdose
la tablature	die Tabulatur
le tabou	das Tabu
Tabriz	Täbris
le tabulateur	der Tabulator
Tachkent	Taschkent
le tact	der Takt
le tacticien, -ne	der Taktiker, -in
tactique	taktisch
le Tage	der Tajo

Les mots partagés *FRANÇAIS-ALLEMAND*

la taille	die Taille
le talc	der Talk
le talent	das Talent
talentueux, -se	talentiert
le talisman	der Talisman
le talweg	der Talweg
le tambour	der Tambur
la Tamise	die Themse
le tandem	das Tandem
la tangente	die Tangente
le tango	der Tango
le tank	der Tank (Öl, Wasser)
la tante	die Tante
la tarentule	die Tarantel
le tarif	der Tarif
tarifaire	tariflich
le tarot	das Tarot
la tarte	die Torte
la Tasmanie	Tasmanien
la tasse	die Tasse
la tautologie	die Tautologie (doppelte Bezeichnung)
la taxe	die Taxe
le taxi	das Taxi
la Tchécoslovaquie	die Tschechoslowakei
la République tchèque	Tschechien
le technicien, -ne	der Techniker, -in
technique	technisch
la technique	die Technik
le technocrate	der Technokrat
la technocratie	die Technokratie
technocratique	technokratisch
la technologie	die Technologie
technologique	technologisch
le télégramme	das Telegramm
le télégraphe	der Telegraf
la télégraphie	die Telegrafie
télégraphier	telegrafieren
télégraphique	telegrafisch
le télégraphiste	der Telegrafist
le téléphone	das Telefon
téléphoner	telefonieren
la téléphonie	die Telefonie
téléphonique	telefonisch
le, la téléphoniste	der Telefonist, -in
la téléphotographie	die Telefotografie
le télescope	das Teleskop
le télex	das Telex
télexer	telexen

Les mots partagés *FRANÇAIS-ALLEMAND*

le tellure	das Tellur
le tempérament	das Temperament
la température	die Temperatur
tempérer	temperieren
le temple	der Tempel
la tendance	die Tendenz
tendancieux, -se	tendenziös
le tender	der Tender
Ténériffe	Teneriffa
le tennis	das Tennis
le ténor	der Tenor
le tentacule	der/das Tentakel
le tercet	die Terzine
la térébenthine	das Terpentin
le tergal	das Tergal (Stoff)
le terme	der Termin
la terminologie	die Terminologie
terminologique	terminologisch
le termite	die Termite
ternaire	ternär
la terrasse	die Terrasse
Terre-Neuve	Neufundland
la terreur	der Terror
le terrier	der Terrier (Hunderasse)
la terrine	die Terrine
le territoire	das Territorium
territorial, -e	territorial
la territorialité	die Territorialität
terroriser	terrorisieren
le terrorisme	der Terrorismus
le terroriste	der Terrorist
tertiaire	terziär
le test	der Test
le testament	das Testament
tester	testen
(le) texan	texanisch; Texaner, -in
les textiles	die Textilien
thaïlandais, -e	thailändisch; Thailänder, -in
la Thaïlande	Thailand
le thé	der Tee
théâtral, -e	theatralisch
le théâtre	das Theater
Thèbes	Theben
thématique	thematisch
la thématique	die Thematik
le thème	das Thema
la théocratie	die Theokratie
le théodolite	der Theodolit

Les mots partagés FRANÇAIS-ALLEMAND

la théologie	die Theologie
le théologien, -ne	der Theologe, -in
théologique	theologisch
le théorème	das Theorem
le théoricien, -ne	der Theoretiker
la théorie	die Theorie
théorique	theoretisch
théoriser	theoretisieren
le thérapeute	der Therapeut, -in
thérapeutique	therapeutisch
la thérapie	die Therapie
la thérapeutique	die Therapie
thermal, -e	thermal
thermique	thermisch
thermoélectrique	thermoelektrisch
le thermographe	der Thermograph
le thermomètre	der Thermometer
thermonucléaire	thermonuklear
la thermos	die Thermosflasche
le thermostat	der Thermostat
la thèse	die These
le thon	der Thunfisch
la thrombose	die Thrombose
Thoune	Thun
Thulé	Thule
la Thurgovie	der Kanton Thurgau
la Thuringe	Thüringen
le thym	der Thymian
le lac de Tibériade	der See Genezareth
tibétain, -e	tibetisch, tibetanisch ; Tibetaner, -in
le Tibre	der Tiber
le tic-tac	das Ticken
le tigre	der Tiger
le Tigre	der Tigris
le tilde	die Tilde
le titan	der Titan
le titre	der Titel
titrer (CHIM)	titrieren
le toast	der Toast
toaster	toaster
le toasteur	der Toaster
la toilette	die Toilette
Tokyo	Tokio
Tolède	Toledo
la tolérance	die Toleranz
tolérant, -e	tolerant
la tomate	die Tomate
la tombola	die Tombola

Les mots partagés *FRANÇAIS-ALLEMAND*

Tombouctou	Timbuktu
le ton	der Ton
tonique	tonisch
le tonique	das Tonikum
la tonne	die Tonne
la tonsure	die Tonsur
le tonus	der Tonus
le topaze	der Topas
le topographe	der Topograph, -f-
la topographie	die Topographie, -f-
topographique	topographisch, -f-
le toréador, le toréro	der Torero
la tornade	der Tornado
la torpille	der Torpedo
torpiller	torpedieren
le torse	der Torso
la torture	die Tortur
la Toscane	die Toskana
total, -e	total
le totalisateur, -trice	der Totalisator
totalitaire	totalitär
le totalitarisme	der Totalitarismus
la toundra	die Tundra
le toupet	das Toupet
la tour	der Turm
le tourisme	der Tourismus, die Touristik
le, la touriste	der Tourist, -in
la tournée	die Tournee
la toxine	das Toxin
la trachée	die Trachee
le tracteur	der Traktor
la tradition	die Tradition
le traditionaliste	der Traditionalist, -in
traditionnel, -le	traditionell
la tragédie	die Tragödie
la transcendance	die Transzendenz
transcendant, -e	transzendent
la transe	die Trance
le transformateur	der Transformator
la transfusion	die Transfusion
le transistor	der Transistor
le transit	der Transit
transitif, -ve	transitiv (Verb)
transocéanique	transozeanisch
transpirer	transpirieren
la transpiration	die Transpiration
le transplant	das Transplantat
la transplantation	die Transplantation

Les mots partagés *FRANÇAIS-ALLEMAND*

le transpondeur	der Transponder
le transport	der Transport
transporter	transportieren
la transposition	das Transponieren, die Transposition
transsibérien, -ne	transsibirisch
la Transylvanie	Siebenbürgen
le trapèze	das Trapez
le traumatisme	das Trauma
le travesti, -e	der Travestit
le travestisme	der Travestismus
Trébizonde	Trapezunt
le trémolo	das Tremolo
le trench-coat	der Trenchcoat
Trente	Trient
le trésor	der Tresor (Schrank)
Trèves	Trier
Trévise	Treviso
la tribune	die Tribüne
le tribut	der Tribut
la trichine	die Trichine
le drapeau tricolore	die Trikolore
le tricot	das Trikot
Trieste	Triest
la trigonométrie	die Trigonometrie
le trille	der Triller
triller	trillern
le trillion	die Trillion
le trio	das Trio
la triode	die Triode
le triolet	die Triole
triomphal, -e	Triumph…
triomphant, -e	triumphierend
le triomphateur, -trice	der Triumphator
le triomphe	der Triumph
triompher	triumphieren
Troie	Troja
la troïka	die Troika
la trompette	die Trompete
le trompettiste	der Trompeter, -in
le trône	der Thron
trôner	thronen
le trophée	die Trophäe
tropical, -e	tropisch
le tropisme	der Tropismus
trouble	trüb(e)
troubler	trüben
la troupe	die Truppe
le truc	der Trick

Les mots partagés *FRANÇAIS-ALLEMAND*

la truffe	die Trüffel
le trust	der Trust (Konzern)
le tsar, la tsarine	der Zar, die Zarin
tsariste	zaristisch
le, la tsigane	der Zigeuner, -in
le tuba	die Tuba
le tube	die Tube
le tubercule	der Tuberkel
tuberculeux, -se	tuberkulös
la tuberculose	die Tuberkulose
la tubéreuse	die Tuberose
la tulipe	die Tulpe
le tulle	der Tüll (Stoff)
la tumeur	der Tumor
le tumulte	der Tumult
la tunique	die Tunika
la Tunisie	Tunesien
(le) tunisien, -ne	tunesisch, der Tunesier, -in
le tunnel	der Tunnel
le turban	der Turban
la turbine	die Turbine
la turbulence	die Turbulenz
turbulent, -e	turbulent
turc, turque	türkisch, Türke, -in, das Türkische, das Türkisch
la turgescence	die Turgeszenz
la Turquie	die Türkei
le turquin	das Türkischblau
la turquoise	der Türkis
le type	der Typ
typhique	typhuskrank
le typhon	der Taifun
le typhus	der Typhus
typique	typisch
la typisation	die Typisierung
la typographie	die Typographie
la typologie	die Typologie
le tyran	der Tyrann
la tyrannie	die Tyrannei
tyrannique	tyrannisch
le Tyrol	Tirol
le tzar, la tzarine	der Zar, die Zarin
le, la tzigane	der Zigeuner, -in

Les mots partagés FRANÇAIS-ALLEMAND

u

un ultimatum	das Ultimatum
ultramontain, -e	ultramontan; Ultramontaner
un ultramontanisme	der Ultramontanismus
ultraviolet, -te	ultraviolett
uni, -e	uni (Farbe)
un uniforme	die Uniform
une union	die Union
un unitaire	der Unitarier, der Unitarist
un unitarisme	der Unitarismus
un univers	das Universum
universel, -le	universal
universitaire	Universitäts…
une université	die Universität
Upsal	Uppsala
un uranium	das Uran
une urne	die Urne
une urine	der Urin
uriner	urinieren
uruguayen, -ne	uruguayisch ; Uruguayer, -in
une utopie	die Utopie
utopique	utopisch
utopiste	utopisch
un, une utopiste	der Utopist, -in

v

la vacance	die Vakanz
vacant, -e	vakant
le vade-mecum	das Vademekum
le vagabond, -e	der Vagabund, -in
vagabonder	vagabundieren
vague	vage (unklar)
la Valachie	die Walachei
le Valais	das Wallis
la valse	der Walzer
la Valteline	das Veltlin
la vamp	der Vamp
le vampire	der Vampir
le vandale	der Vandale
le vandalisme	der Vandalismus
la vanille	die Vanille
la variante	die Variante
la variation	die Variation
varier	variieren

Les mots partagés FRANÇAIS-ALLEMAND

les variétés	das Varieté
le variomètre	das Variometer
Varsovie	Warschau
varsovien, -ne	warschauer; Warschauer, -in
le vase	die Vase
la vaseline	das Vaselin
vasomoteur, -trice	vasomotorisch
le vassal, -e	der Vasall, -in
le Vatican	der Vatikan
vaticane	vatikanisch
le canton de Vaud	der Kanton Waadt
le vaudeville	das Vaudeville
le vecteur	der Vektor
végétarien, -ne	vegetarisch; der Vegetarier, -in
végétatif, -ve	vegetativ
la végétation	die Vegetation
végéter	vegetieren
vélaire	velar (phon.)
la vélarisation	die Velarisierung
vélariser	velarisieren
le vélin	das Velin, das Velinpapier
le velours	der Velours
le velvet	der/das Velvet (Baumwollsamt)
vénérien, -ne	venerisch
Venise	Venedig
vénitien, -ne	venezianisch ; der Venezianer,-in
le ventilateur	der Ventilator
la ventilation	die Ventilation
ventiler	ventilieren
la véranda	die Veranda
le verbe	das Verbum
Verceil	Vercelli
le vérisme	der Verismus
le vermut(h)	der Wermut
le vernissage	die Vernissage
Vérone	Verona
le vers	der Vers
la version	die Version
vertical, -e, -aux	vertikal
la vestale	die Vestalin
la veste	die Weste
le Vésuve	der Vesuv
le vétéran	der Veteran
le veto	das Veto
le viaduc	der Viadukt
vibrer	vibrieren
le vicaire	der Vikar
Vicence	Vicenza

le vicomte	der Vicomte
la vicomtesse	die Vicomtesse
la vidéo	das Video
la vidéocassette	die Videokassette
Vienne	Wien
viennois, -e	(aus) Wien; Wiener, -in; wienerisch
Vieux-Brisach	Breisach
la vignette	die Vignette
la villa	die Villa
Vilnius	Wilna
le vin	der Wein
Vintimille	Ventimiglia
violet, -te	violett
le violon	die Violine
le violoniste	der Violonist, -in
la vipère	die Viper
le, la virtuose	der Virtuose, die Virtuosin
la virtuosité	die Virtuosität
la virulence	die Virulenz
virulent, -e	virulent
le virus	das Virus
le visa	das Visum
la viscose	die Viskose
la viscosité	die Viskosität
le viseur	das Visier
la visière	das Visier (Helm)
la vision	die Vision
visionnaire	visionär
la visite	die Visite
la Vistule	die Weichsel
visuel, -le	visuell
vital	vital
la vitalité	die Vitalität
la vitamine	das Vitamin
la vitrine	die Vitrine
le vitriol	das Vitriol
la Vltava	die Moldau
le vocable	die Vokabel
le vocabulaire	das Vokabular
vocal, -e	vokal
vocalique	vokalisch
la vocalisation	die Vokalisierung
la vocalise	die Vokalise
vocaliser	vokalisieren
le vocalisme	der Vokalismus
la vodka	der Wodka
le volcan	der Vulkan
volcanique	vulkanisch

Les mots partagés FRANÇAIS-ALLEMAND

le volcanisme	der Vulkanismus
la Volga	die Wolga
le volontarisme	der Voluntarismus
volontariste	voluntaristisch
le volt	das Volt
le voltampère	das Voltampere
la volte	die Volte (rasche Wendung)
la voltige	die Voltige
le volume	das Volumen
les Vosges	die Vogesen
votif, -ve	votiv
vulcaniser	vulkanisieren

W

le wagon	der Wagon
(le, la) wallon, -ne	wallonisch, der Wallone, -in
le watt	das Watt
le week-end	Weekend
le western	der Western
la Westphalie	Westfalen
le whisky	der Whisky
le wolfram	das Wolfram
Wroclaw	Breslau
le Wurtemberg	Württemberg

X

xénophile	xenophil
la xénophilie	die Xenophilie
la xérocopie	die Xerokopie
xérocopier	xerokopieren
la xérographie	die Xerographie
la xérophtalmie	die Xerophtalmie
les xérophites	die Xerophyten
le xylographe	der Xylograph
le xylophone	das Xylophon

Y

le yacht	die Jacht
le yack, yak	der Jak
Yalta	Jalta
le yaourt	der/das Joghurt
le Yémen	der Jemen

(le) yéménite	jemenitisch, der Jemenit,-in
yiddisch	jiddisch
le yoga	der (das) Yoga (od. Joga)
le yoghourt	der (das) Joghurt/Jogurt
la yole	die Jolle
(le) yougoslave	jugoslawisch, der Jugoslawe, -in
la Yougoslavie	Jugoslawien
Ypres	Ypern
le yucca	die Yucca (Palmlilie)

Z

le Zambèze	der Sambesi
Zanzibar	Sansibar
zapper	zappen
le zèbre	das Zebra
le zébu	der/das Zebu
la Zélande	Seeland
le zélote	der Zelot (Fanatiker)
le zénith	der Zenit
le zéphyr	der Zephir
le zigzag	der Zickzack
le zinc	das Zink
la zone	die Zone
le zoo	der Zoo
la zoologie	die Zoologie
zoologique	zoologisch
le, la zoologiste	der Zoologe, -in
le zoom	der Zoom, das Zoomobjektiv
le zoophyte	der Zoophyt
le zouave	der Zuave
Zoug	Zug
Zurich	Zürich
la zymologie	die Zymologie (Gärungslehre)
la zymotechnie	die Zymotechnik
zymotique	zymotisch

Der gemeinsame Wortschatz Deutsch-Französisch

Der gemeinsame Wortschatz *DEUTSCH-FRANZÖSISCH*

A

Aachen	Aix-la-Chapelle
das Abonnement	l'abonnement
abonnieren	abonner, s'abonner à
abrupt	abrupt, abrupte
der Absinth	l'absinthe (f.)
absolut	absolu, absolue
die Absolution	l'absolution
der Absolutismus	l'absolutisme (m.)
absolutistisch	absolutiste
absorbieren	absorber
die Absorption	l'absorption (f.)
abstinent	abstinent, abstinente
die Abstinenz	l'abstinence
abstrahieren	abstraire
abstrakt	abstrait, abstraite
die Abstraktion	l'abstraction (f.)
absurd	absurde
die Absurdität	l'absurdité (f.)
der Abszeß	l'abcès (m.)
die Abtei	l'abbaye (f.)
der Achat	l'agate (f.)
addieren	additionner, faire l'addition
die Addition	l'addition (f.)
ade !	adieu !
Adelaide	Adélaïde
das Adjektiv	l'adjectif (m.)
adjektivisch	adjectif, adjective
der Admiral	l'amiral (m.)
adoptieren	adopter
die Adoption	l'adoption (f.)
die Adresse	l'adresse (f.)
adressieren	adresser
die Adria	l'Adriatique
der Advent	l'Avent (m.)
das Adverb	l'adverbe (m.)
der Advokat	l'avocat (m.)
das Aerobic	l'aérobic (m.)
die Aerobiologie	l'aérobiologie (f.)
die Aerobiose	l'aérobiose (f.)
die Aerodynamik	l'aérodynamique (f.)
aerodynamisch	aérodynamique
die Aeronautik	l'aéronautique
die Aerostatik	l'aérostatique (f.)
aerostatisch	aérostatique
die Affäre	l'affaire (f.)

Der gemeinsame Wortschatz DEUTSCH-FRANZÖSISCH

affektiert	affecté, affectée
die Affektiertheit	l'affectation (f.)
Afrika	l'Afrique
der Afrikaner, -in	l'Africain, l'Africaine
afrikanisch	africain, africaine
ägäisch	égéen
die Agave	un agave
die Agenda	un agenda
der Agent	l'agent (m.)
die Agentur	l'agence (f.)
das Aggregat	l'agrégat (m.)
die Aggression	l'agression (f.)
aggressiv	agressif, agressive
die Aggressivität	l'agressivité (f.)
die Agitation	l'agitation (f.)
der Agitator	l'agitateur, (m.) l'agitatrice (f.)
agitatorisch	agitateur, agitatrice
der Agnostiker	l'agnostique (m./f.)
agnostisch	agnostique
der Agnostizismus	l'agnosticisme (m.)
die Agonie	l'agonie (f.)
die Agraffe	l'agrafe (f.)
die Agraphie	l'agraphie (f.)
der Agronom	l'agronome (m.)
die Agronomie	l'agronomie (f.)
agronomisch	agronomique
Ägypten	l'Égypte (f.)
Ägypter, -in	l'Égyptien, l'Égyptienne
ägyptisch	égyptien, égyptienne
der Ägyptologe	l'égyptologue (m.f.)
die Ägyptologie	l'égyptologie (f.)
der Airbag	l'airbag (m.)
der Airbus	l'airbus (m.)
die Akademie	l'académie (f.)
der Akademiker	l'académicien *(membre d'une académie)*
(qui a fait des études universitaires)	
akademisch	académique
die Akazie	un acacia
akklimatisieren	acclimater
die Akklimatisierung	l'acclimatation (f.), l'acclimatement (m.)
der Akkord	l'accord (m.)
das Akkordeon	l'accordéon (m.)
akkreditieren	accréditer
die Akkumulation	l'accumulation (f.)
der Akku(mulator)	l'accu(mulateur)
der Akkusativ	l'accusatif (m.)
die Akne	l'acné (f.)
der Akrobat, -in	l'acrobate (m.f.)

Der gemeinsame Wortschatz *DEUTSCH-FRANZÖSISCH*

die Akrobatik	l'acrobatie (f.) [-si]
akrobatisch	acrobatique
die Akropolis	l'Acropole
der Akt	l'acte (m.)
die Aktie	l'action (f.)
die Aktion	l'action (f.)
der Aktionär	l'actionnaire (m.)
aktiv	actif, active
aktivieren	activer
die Aktivität	l'activité (f.)
aktualisieren	actualiser
die Aktualisierung	l'actualisation (f.)
die Aktualität	l'actualité (f.)
aktuell	actuel, actuelle
die Akupunktur	l'acupuncture, l'acuponcture (f.)
die Akustik	l'acoustique (f.)
akustisch	acoustique
der Akzent	l'accent (m.)
akzentuieren	accentuer
der Akzept	l'acceptation (f.)
akzeptabel	acceptable
der Akzeptant	l'accepteur (m.)
akzeptieren	accepter
der Alabaster	l'albâtre (m.)
der Alarm	l'alarme (f.)
alarmieren	alarmer
der Alaun	l'alun (m.)
der Albaner, -in	l'Albanais, l'Albanaise
Albanien	l'Albanie
albanisch	albanais, albanaise
der Albatros	l'albatros (m.)
der Albinismus	l'albinisme (m.)
der Albino	l'albinos (m.)
das Album	l'album (m.)
die Alchimie	l'alchimie (f.)
der Alchimist	l'alchimiste (m.)
der Alemanne	l'Alémanique
alemannisch	alémanique
Aleppo	Alep
der Alexandriner	l'alexandrin (m.)
die Alge	l'algue (f.)
die Algebra	l'algèbre (f.)
algebraisch	algébrique
Algerien	l'Algérie
der Algerier	l'Algérien, l'Algérienne
algerisch	algérien, algérienne
Algier	Alger
algorithmisch	algorithmique

Der gemeinsame Wortschatz DEUTSCH-FRANZÖSISCH

der Algorithmus	l'algorithme
alias	alias
das Alibi	l'alibi (m.)
das Alkali	l'alcali (m.)
alkalisch	alcalin, alcaline
alkalisieren	alcaliniser
das Alkaloid	l'alcaloïde (m.)
der Alkohol	l'alcool (m.)
der Alkoholiker	l'alcoolique
alkoholisieren	alcooliser
der Alkoholismus	l'alcoolisme
der Alkoven	l'alcôve (f.)
die Allee	l'allée (f.)
die Allegorie	l'allégorie (f.)
allegorisch	allégorique
allegretto	allegretto
das Allegretto	l'allégretto, un -
allegro	allegro
das Allegro	l'allégro, un -
allergen	allergène
das Allergen	l'allergène (m.)
die Allergie	l'allergie (f.)
der Allergologe	l'allergologue
allergisch	allergique
die Allianz	l'alliance (f.)
der Alligator	l'alligator (m.)
der Alliierte	l'allié
alliiert	allié, alliée
der Almanach	l'almanach (m.)
das Almosen	l'aumône (f.)
die Aloe	l'aloès (m.)
die Alpen	les Alpes
das Alphabet	l'alphabet (m.)
alphabetisch	alphabétique
alphanumerisch	alphanumérique
alpin	alpin, alpine
der Alpinismus	l'alpinisme (m.)
der Alpinist	l'alpiniste
alternativ	alternatif, -ve
die Alternative	l'alternative (f.)
alternieren	alterner
der Altruismus	l'altruisme
der Altruist	l'altruiste
das Aluminium	l'aluminium (m.)
das Amalgam	l'amalgame, un -
amalgamieren	amalgamer
der Amateur	l'amateur
der Amazonas	l'Amazone

Der gemeinsame Wortschatz *DEUTSCH-FRANZÖSISCH*

die Amazone	l'amazone
der Amber	l'ambre
das Ambiente	l'ambiance (f.)
ambivalent	ambivalent, -e
die Ambivalenz	l'ambivalence
ambulant	ambulant, -e; ambulatoire
die Ambulanz	l'ambulance; l'hôpital de jour
amen, das Amen	amen, l'amen (m.)
Amerika	l'Amérique
Amerikaner,-in	l'Américain, l'Américaine
amerikanisch	américain, américaine
der Amerikanismus	l'américanisme
der Amethyst	l'améthyste
das Ammoniak	l'ammoniac (m.)
die Amnesie	l'amnésie
die Amnestie	l'amnestie
amnestieren	amnistier
die Amöbe	l'amibe
der Amor	l'amour
amorph	amorphe
die Amortisation	l'amortissement
amortisieren	amortir
das Ampere	l'ampère
das Amperemeter	l'ampèremètre
die Amphibie	l'amphibie
amphibisch	amphibie
das Amphitheater	l'amphithéâtre
die Amphora, die Amphore	l'amphore
die Ampulle	l'ampoule
die Amputation	l'amputation
amputieren	amputer
das Amulett	l'amulette
amüsant	amusant, amusante
amüsieren	amuser
der Anabolismus	l'anabolisme
der Anachronismus	l'anachronisme
das Anagramm	l'anagramme (m.)
der Anakoluth	l'anacoluthe (f.)
analog	analogue
die Anakonda	l'anaconda (m.)
anal	anal, anale
analog	analogue, analogique
die Analogie	l'analogie
der Analphabet	l'analphabète
der Analysand, -in	l'analysant, -e
die Analyse	l'analyse
analysieren	analyser
die Analytik	l'analytique

Der gemeinsame Wortschatz DEUTSCH-FRANZÖSISCH

der Analytiker	l'analyste
analytisch	analytique
die Anämie	l'anémie
anämisch	anémique
die Ananas	l'ananas, un -
die Anapher	l'anaphore
anaphorisch	anaphorique
die Anarchie	l'anarchie
der Anarchist, -in	l'anarchiste
anarchistisch	anarchique
die Anästhesie	l'anesthésie
anästhesieren	anesthésier
das Anathem/Anathema	l'anathème (m.)
der Anatom	l'anatomiste
die Anatomie	l'anatomie
anatomisch	anatomique
Andalusien	l'Andalousie
der Andalusier, -in	l'Andalou, l'Andalouse
andalusisch	andalou, andalouse
die Anden	les Andes
Andorra	Andorre
der Andorraner	l'Andorran
andorranisch	andorran, -e
androgen	androgène
androgyn	androgyne
die Androgynie	l'androgynie
die Anekdote	l'anecdote
anekdotisch	anecdotique
die Anemone	l'anémone
die Angina	l'angine
der Anglikaner	l'anglican
anglikanisch	anglican, -e
der Anglikanismus	l'anglicanisme
anglisieren	angliciser
der Anglizismus	l'anglicisme
der Angloamerikaner	l'Anglo-américain, -e
die Anglomanie	l'anglomanie
anglonormannisch	anglo-normand, -e
die Anglophilie	l'anglophilie
die Anglophobie	l'anglophobie
das Anilin	l'aniline (f.)
animalisch	animal, animale
der Animateur	l'animateur, l'animatrice
die Animosität	l'animosité
der Anis	l'anis
der Anker	l'ancre
die Annalen	les annales
annektieren	annexer

Der gemeinsame Wortschatz *DEUTSCH-FRANZÖSISCH*

die Annexion	l'annexion
der Annexionismus	l'annexionnisme
die Annonce	l'annonce
annoncieren	annoncer
annullieren	annuler
die Annullierung	l'annulation
die Anode	l'anode
anomal	anomal, anomale
die Anomalie	l'anomalie
anonym	anonyme
die Anonymität	l'anonymat
der Anorak	l'anorak
die Anorexie	l'anorexie
anorganisch	anorganique
die Anschovis	l'anchois
der Antagonismus	l'antagonisme
die Antarktis	l'Antarctique
antarktisch	antarctique
antelephonieren	téléphoner (à)
die Antenne	l'antenne
die Anthologie	l'anthologie
der Anthrazit	l'anthracite
der Anthropologe	l'anthropologue, l'anthropologiste
die Anthropologie	l'anthropologie
antropologisch	anthropologique
der Anthromorphisme	l'anthromorphisme
der Antialkoholiker	l'antialcoolique
das Antibiotikum	l'antibiotique, un -
der Antifaschismus	l'antifascisme
antifaschistisch	antifasciste
antik	antique
die Antillen	les Antilles
die Antilope	l'antilope
Antiochia	Antioche
die Antipathie	l'antipathie
der Antipode	l'antipode
der Antiquar	l'antiquaire
die Antiquität	l'antiquité
der Antisemit	l'antisémite
antisemitisch	antisémite
der Antisemitismus	l'antisémitisme
antiseptisch	antiseptique
Antwerpen	Anvers
die Aorta	l'aorte
das Aostatal	le Val d'Aoste
das Apartment	l'appartement
die Apathie	l'apathie
apathisch	apathique

Der gemeinsame Wortschatz DEUTSCH-FRANZÖSISCH

der Apostel	l'Apôtre
apostolisch	apostolique
der Apostroph	l'apostrophe, une -
der Apparat	l'appareil
das Appartement	l'appartement
der Appell	l'appel
die Appellation	l'appelation
appellieren	en appeler à, faire appel
der Appetit	l'appétit
applaudieren	applaudir
der Applaus	les applaudissements
apportieren	(r)apporter
appretieren	apprêter
die Appretur	l'apprêt
die Approbation	l'approbation
die Aprikose	l'abricot
der April	l'avril
Apulien	les Pouilles
der (das) Aquädukt	l'aqueduc
das Aquaplaning	l'aquaplaning
das Aquarell	l'aquarelle, une -
das Aquarium	l'aquarium, un –
Aquitanien	l'Aquitaine
der Äquator	l'équateur
äquatorial	équatorial, -e
das Äquivalent	l'équivalent, un -
das (der) Ar	l'are, un -
die Ära	l'ère
der Araber, -in	l'arabe
die Arabeske	l'arabesque
Arabien	l'Arabie
arabisch	arabe
die Arbitrage	l'arbitrage, un -
archaisch	archaïque
der Archäologe	l'archéologue
die Archäologie	l'archéologie
die Arche	l'arche
Archimedes	Archimède
der Archipel	l'archipel
der Architekt	l'architecte
architektonisch	architectonique
die Architektur	l'architecture
das Archiv	les archives (f.)
der Archivar	l'archiviste
archivieren	archiver
die Archivistik	l'archivistique
die Ardennen	les Ardennes
das Areal	l'aire, une -

Der gemeinsame Wortschatz DEUTSCH-FRANZÖSISCH

die Arena	l'arène
Argentinien	l'Argentine
der Argentinier, -in	l'Argentin, l'Argentine
argentinisch	argentin, argentine
das Argument	l'argument
argumentieren	argumenter
die Arie	l'air, un -; l'ariette
der Arier, -in	l'Aryen, l'Aryenne
arisch	aryen, aryenne
der Aristokrat	l'aristocrate
die Aristokratie	l'aristocratie [-si]
aristokratisch	aristocratique
die Arithmetik	l'arithmétique
arithmetisch	arithmétique
die Arkade	l'arcade
die Arktis	l'Arctique
arktisch	arctique
die Armatur	l'armature
die Armee	l'armée
Armenien	l'Arménie
der Armenier, -in	l'Arménien, l'Arménienne
armieren	armer
das Aroma	l'arôme, un -
aromatisch	aromatique
der Arrak	l'arac/arack/arak
arrangieren	arranger
der Arrest	l'arrêt
arretieren	arrêter
die Arroganz	l'arrogance
arrogant	arrogant, arrogante
das Arsen	l'arsenic (m.)
das Arsenal	l'arsenal (m.)
die Arterie	l'artère
artesisch	artésien, artésienne
die Arthritis	l'arthrite
die Arthrose	l'arthrose
der Artikel	l'article
die Artikulation	l'articulation
artikulieren	articuler
die Artillerie	l'artillerie
der Artillerist	l'artilleur
die Artischocke	l'artichaut, un -
der Artist	l'artiste
artistisch	artistique
die Artothek	l'artothèque
das As	l'as, un -
der Asbest	l'amiante
die Asbestose	l'asbestose

Der gemeinsame Wortschatz DEUTSCH-FRANZÖSISCH

der Asiat, -in	l'Asiatique
asiatisch	asiatique
Asien	l'Asie
die Askese	l'ascèse, l'ascétisme
der Asket	l'ascète
asketisch	ascétique
asozial	asocial, asociale
der Aspekt	l'aspect
der Asphalt	l'asphalte
asphaltieren	asphalter
der Aspirant	l'aspirant, le candidat
der Assembler	l'assembleur
die Assimilation	l'assimilation
assimilieren	assimiler
Assisi	Assise
der Assistent	l'assistant
die Assistenz	l'assistance
assistieren	assister
die Assonanz	l'assonance
die Assoziation	l'association
assoziativ	associatif, associative
die Aster	l'aster, un -; la reine-marguerite
der Ästhet	l'esthète
die Ästhetik	l'esthétique
ästhetisch	esthétique
das Asthma	l'asthme (m.)
der Asthmatiker	l'asthmatique
asthmatisch	asthmatique
die Astrobiologie	l'astrobiologie
der Astrologe	l'astrologue
die Astrologie	l'astrologie
astrologisch	astrologique
der Astronaut	l'astronaute
die Astronautik	l'astronautique
astronautisch	astronautique
der Astronom	l'astronome
die Astronomie	l'astromomie
astronomisch	astronomique
die Astrophysik	l'astrophysique
der Astrophysiker	l'astrophysicien
das Asyl	l'asile (m.)
die Asymmetrie	l'asymétrie
asymmetrisch	asymétrique
die Asymptote	l'asymptote
der Atavismus	l'atavisme
atavistisch	atavique
das Atelier	l'atelier
der Atheismus	l'athéisme

Der gemeinsame Wortschatz *DEUTSCH-FRANZÖSISCH*

der Atheist	l'athée
atheistisch	athée
Athen	Athène
der Athener, -in	l'Athénien, l'Athénienne
der Äther	l'éther
ätherisch	éthéré, éthérée
Äthiopien	l'Éthiopie
der Äthiopier, -in	l'Éthiopien, l'Éthiopienne
äthiopisch	éthiopien, éthiopienne
der Athlet	l'athlète
die Athletik	l'athlétisme
athletisch	athlétique
das Äthylen	l'éthylène (m.)
der Atlantik	l'Atlantique
Atlantis	l'Atlantide
atlantisch	atlantique
der Atlas	l'atlas
die Atmosphäre	l'atmosphère
atmosphärisch	atmosphérique
der Ätna	l'Etna
das Atoll	l'atoll
das Atom	l'atome
atomar	atomique, nucléaire
die Atombombe	la bombe atomique
die Atomenergie	l'énergie atomique
die Atomexplosion	l'explosion atomique
der Attaché	l'attaché
die Attacke	l'attaque
attackieren	attaquer
das Attentat	l'attentat, un -
das Attest	l'attestation
attestieren	attester
die Attraktion	l'attraction
das Attribut	l'attribut, *linguistique* l'épithète, une -
die Aubergine	l'aubergine
die Audienz	l'audience
das Audiogramm	l'audiogramme
die Audiokassette	l'audiocassette
das Audiometer	l'audiomètre (m.)
die Audiometrie	l'audiométrie
audiovisuell	audio-visuel
das Auditorium	l'auditoire, un -; l'auditorium, un –
Augsburg	Augsbourg
Australien	l'Australie
der Australier, -in	l'Australien, l'Australienne
australisch	australien, australienne
die Autarkie	l'autarcie
authentisch	authentique

Der gemeinsame Wortschatz DEUTSCH-FRANZÖSISCH

die Authentizität	l'authenticité
der Autismus	l'autisme
der Autist, die Autistin	l'autiste
das Auto	l'auto, une -
die Autobiographie	l'autobiographie
der Autobus	l'autobus, le car
die Autobuslinie	la ligne d'autobus
der Autodidakt	l'autodidacte
autodidaktisch	autodidacte
das Autogramm	l'autographe, un -
die Autoindustrie	l'industrie automobile
der Autokrat	l'autocrate
der Automat	l'automate
die Automation	l'automatisation
automatisch	automatique
die Automatisierung	l'automatisation
das Automobil	l'automobile, une -
autonom	autonome
die Autonomie	l'autonomie
der Autor/die Autorin	l'auteur/un auteur (m./f.)/une auteure
das Autoradio	l'autoradio, un -
autorisieren	autoriser
autoritär	autoritaire
die Autorität	l'autorité
avancieren	avancer
die Avantgarde	l'avant-garde
der Avantgardismus	l'avant-gardisme
avantgardistisch	d'avant-garde
der Avers	l'avers
die Aversion	l'aversion
avisieren	aviser
axial	axial
das Axiom	l'axiome, un -
die Axiomatik	l'axiomatique
axiomatisch	axiomatique
die Avocado	l'avocat, un -
die Azalee, die Azalie	l'azalée
das Azeton	l'acétone (f.)
die Azoren	les Açores
das Azetylen	l'acétylène (m.)
die Azoren	les Açores
der Azur	l'azur
azurblau	(bleu) d'azur, azuré
azyklisch	acyclique

Der gemeinsame Wortschatz *DEUTSCH-FRANZÖSISCH*

B

das Baby	le bébé
Babylon	Babylone
der Babylonier, -in	le Babylonien, la Babylonienne
babylonisch	babylonien, babylonienne, de Babylone
babysitten	faire du baby-sitting
das Babysitten	le baby-sitting
der Babysitter	le, la baby-sitter
das Backbord	le bâbord
Baden	pays de Bade
Baden-Württemberg	le Bade-Wurtemberg
das Badminton	le badminton
die Bagatelle	la bagatelle
die Baisse	la baisse
das Bajonett	la baïonnette
das Bakelit	la bakélite
das Bakkarat	le baccara
die Bakterie	la bactérie
die Balalaika	la balalaïka
balancieren	balancer
der Baldachin	le baldaquin
die Balearen	les Baléares
der Balkan	les Balkans
der Balkon	le balcon
der Ball	la balle, le ballon
der Ball (Tanzfest)	le bal
die Ballade	la ballade
der Ballast *(Last)*	le ballast *(Gleisschotter, Ballasttank)*
die Ballerina	la ballerine
das Ballett	le ballet
die Ballistik	la ballistique
der Ballon	le ballon
balsamisch	balsamique
der Balte, -in	le, la Balte
das Baltikum	les pays Baltes
baltisch	balte/baltique
die Balustrade	la balustrade
der Bambus	le bambou
banal	banal, banale
die Banalität	la banalité
die Banane	la banane
die Bandage	le bandage
bandagieren	bander
der Bandagist	le bandagiste
die Banderole	la banderole
der Bandit	le bandit

Der gemeinsame Wortschatz DEUTSCH-FRANZÖSISCH

das Bandoneon, das Bandonion	le bandonéon
das Banjo	le banjo
die Bank	le banc, la banquette, la banque
der Banker	le banquier
das Bankett	le banquet
das Bankett, die Bankette	la banquette
der Bankrott	la banqueroute, la faillite
bankrott machen, gehen	faire banqueroute, faillite
die Bar	le bar
die Baracke	la baraque
der Barbar	le barbare
die Barbarei	la barbarie
barbarisch	barbare
der Barbarismus	le barbarisme
der Barbier	le barbier
der Barde	le barde
das Barett	la barrette
der Bariton	le baryton
die Barkasse	la barcasse
die Barke	la barque
barock	baroque
der Barograph	le barographe
das Barometer	le baromètre
der Baron, - in	le baron, la baronne
die Barre	la barre
der Barren	la barre, les barres
die Barriere	la barrière
die Barrikade	la barricade
barrikadieren	barricader
der Bart	la barbe
der Basalt	le basalte
der Basar	le bazar
die Base	la base
der Baseball	le baseball
basieren	(se) baser
die Basilika	la basilique
das Basilikum	le basilic
die Basis	la base
basisch	basique
die Basizität	la basicité
der Baske	le Basque
der Basketball	le basket-ball, le basket
baskisch	basque
das Basrelief	le bas-relief
der Baß	la basse
das Bassin	le bassin
der Bastard	le bâtard
die Bastion	le bastion

Der gemeinsame Wortschatz *DEUTSCH-FRANZÖSISCH*

das Bataillon	le bataillon
der Bathyskaph	le bathyscaphe
der, die Batik	le batik
der Batist	la batiste
die Batterie	la batterie
der Bauxit	la bauxite
der Beduine	le Bédouin
das Beefsteak	le bifteck, le steak
die Begonie	le bégonia
beige	beige
Belgien	la Belgique
der Belgier, -in	le, la Belge
belgisch	belge
der Benediktiner	le bénédictin
der Benefiz	le bénéfice
der Bengale, -in	le Bengale, un -, une -
Bengalen	le Bengale
Bengalisches Feuer	feu de Bengale
das (Reinigungs-)Benzin	la benzine
das Benzol	le benzène
der Berber	le Berbère
der Berliner, -in	le Berlinois, la Berlinoise
berlinerisch	berlinois, berlinoise
bestialisch	bestial, bestiale
die Bestialität	la bestialité
der Bestseller	le bestseller
der Beton	le béton
betonieren	bétonner
das Biathlon	le biathlon
die Bibel	la Bible
der Bibliograph	le bibliographe
die Bibliographie	la bibliographie
bibliographisch	bibliographique
der Bibliophile	le bibliophile
die Biblophilie	la bibliophilie
die Bibliothek	la bibliothèque
der Bibliothekar, -in	le, la bibliothécaire
biblisch	biblique
die Biennale	la biennale
das Bier	la bière
die Bigamie	la bigamie
bigamisch	bigame
der Bigamist	le bigame
bigott	bigot, bigote
die Bigotterie	la bigotterie, le bigotisme
der Bikini	le bikini
bikonkav	biconcave
bikonvex	biconvexe

Der gemeinsame Wortschatz DEUTSCH-FRANZÖSISCH

die Bilanz	le bilan
bilateral	bilatéral, bilatérale
das Billard	le billard
das Billett	le billet
die Billion	le billion
binär	binaire
binokular	binoculaire
das Binom	le binôme
binomisch	binomial
die Biochemie	la biochimie, la chimie biologique
der Biochemiker	le, la biochimiste
biochemisch	biochimique
die Bioenergetik	la bioénergétique
das Biogas	le biogaz
die Biogenese	la biogénèse
biogenetisch	biogénétique
der Biograph	le biographe
die Biographie	la biographie
biographisch	biogaphique
die Bioindustrie	la bio-industrie
die Bioklimatologie	la bioclimatologie
der Biologe, -in	le biologiste
die Biologie	la biologie
biologisch	biologique
der Biomagnetismus	le biomagnétisme
die Biomasse	la biomasse
die Biomedizin	la biomédecine
die Biometrie	la biométrie
die Bionik	la bionique
bionisch	bionique
die Biophysik	la biophysique
die Biopsie	la biopsie
der Biorhythmus	le biorythme
die Biosphäre	la biosphère
die Biosynthese	la biosynthèse
die Biotechnik	la biotechnique
die Biotechnologie	la biotechnologie
biotechnologisch	biotechnologique
die Biotherapie	la biothérapie
biotisch	biotique
das Biotop	le biotope
Birma	la Birmanie
der Birmane, die Birmanin	le Birman, la Birmane
birmanisch	birman
die Bisexualität	la bisexualité
bisexuell	bisexuel, bisexuelle; bisexué, -e
die Biskaya	la Biscaye
der/das Biskuit	le biscuit

Der gemeinsame Wortschatz *DEUTSCH-FRANZÖSISCH*

der Bison	le bison
das Bitumen	le bitume
bituminös	bitumineux, -se
das Biwak	le bivouac
biwakieren	bivouaquer
bizarr	bizarre
der Bizeps	le biceps
die Blamage *(peinliche Niederlage)*	blâmer qn *(tadeln)*
(sich) blamieren *(se)(ridiculiser)*	blâmer qn *(tadeln)*
blanko	en blanc
blasiert *(hochnäsig)*	blasé, blasée *(abgestumpft)*
die Blasphemie	le blasphème
blau	bleu, bleue
der Blazer	le blazer
der Block	le bloc
die Blockade	le blocus
das Blockhaus	le blockhaus
blockieren	bloquer
die Blockierung	le blocage
blond	blond, -e
die Blondine	la blonde, la blondine, la blondinette
der Bluff	le bluff
bluffen	bluffer
der Bluffer	le bluffeur
die Bluse	la blouse, le chemisier
die Boa	le boa
der Bock	le bouc
Böhmen	la Bohême
der Böhme, -in	le bohémien, la bohémienne
böhmisch	bohémien, bohémienne
der Bolero	le boléro
Bolivianer, -in	le Bolivien, la Bolivienne
bolivianisch	bolivien, -ne
Bolivien	la Bolivie
der Bolschewik	le bolchevik, le bolchevique
der Bolschewismus	le bolchevisme
der Bolschewist	le bolschevik
bolschewistisch	bolchevique
das Bombardement	le bombardement
bombardieren	bombarder
die Bombe	la bombe
der Bon	le bon
der, das Bonbon	le bonbon
die Bonbonniere	la bonbonnière
der Bonsai	le bonsaï
der Bonze	le bonze
der Boom	le boom
das Bor	le bore

Der gemeinsame Wortschatz DEUTSCH-FRANZÖSISCH

der Borax	le borax
an Bord	à bord
das Bordell	le bordel
bordieren	border
die Bordüre	la bordure
borniert	borné, bornée
die Börse	la bourse, la Bourse
die Borte	le bord, la bordure
die Botanik	la botanique
der Botaniker, -in	le, la botaniste
botanisch	botanique
botanisieren	botaniser
die Bouillon	le bouillon
das Bowling	le bowling
die Box	le box
boxen	boxer
der Boxer	le boxeur
der Boxring	le ring
der Boxsport	la boxe
der Boykott	le boycottage, le boycott
boykottieren	boycotter
der Brahmane	le Brahmane
brahmanisch	brahmanique
die Branche	la branche
das Brainstorming	le brainstorming
brandenburgisch	brandebourgeois, brandebourgeoise
der Brasilianer, -in	le Brésilien, la Brésilienne
brasilianisch	brésilien, brésilienne
Brasilien	le Brésil
braun	brun, brune
bräunen	brunir
brav	brave
bravo!	bravo!
die Bravour	la bravoure
der Breakdance	le breakdance
die Bretagne	la Bretagne
der Bretone, -in	le Breton, la Bretonne
bretonisch	breton, bretonne
das Brevier	le bréviaire
die Brezel	la/le bretzel
das Bridge	le bridge
die Brigade	la brigade
die Brigg	le brick
das Brikett	la briquette
der Brillant	le brillant
brillant	brillant, brillante
brillieren	briller
die Brise	la brise

Der gemeinsame Wortschatz *DEUTSCH-FRANZÖSISCH*

der Brite, -in	le, la Britanique
britisch	britannique
der Brokat	le brocart
der Brokkoli	le brocoli
das Brom	le brome
bronchial	bronchique
die Bronchien	les bronches
die Bronchitis	la bronchite
die Bronze	le bronze
die Bronzemedaille	la médaille de bronze
die Brosche	la broche
broschieren	brocher
die Broschüre	la brochure
brünett	brun
die Brünette	la brune, la brunette
brüsk	brusque
brüskieren	brusquer
brutal	brutal, brutale
die Brutalität	la brutalité
brutto	brut, -e
die Buddel/Buttel (umg.)	la bouteille
der Buddha	le Bouddha
der Buddhismus	le bouddhisme
der Buddhist, -in	le, la bouddhiste
buddhistisch	bouddhique, bouddhiste
das Budget	le budget
das Büffet	le buffet
der Büffel	le buffle
das Bukett	le bouquet
die Boulette	la boulette
der Bulgare, -rin	le, la Bulgare
Bulgarien	la Bulgarie
bulgarisch	bulgare
die Bulimie	la boulimie
die Bulldogge	le bouledogue
der Bulldozer	le bulldozer
das Bulletin	le bulletin
der Bumerang	le boomerang, le boumerang
der Bungalow *(construction cossue)*	le bungalow *(construction légère)*
Burgund	la Bourgogne
der Burgunder	le Bourguignon, la Bourguignonne
der Burgunder (Wein)	le bourgogne
burlesk	burlesque
das Büro	le bureau
der Bürokrat	le bureaucrate
die Bürokratie	la bureaucratie [-si]
bürokratisch	bureaucratique
der Bus	le bus, le car

Der gemeinsame Wortschatz DEUTSCH-FRANZÖSISCH

die Büste	le buste
der Byzantiner	le Byzantin
byzantinisch	byzantin
der Byzantinismus	le byzantinisme
Byzanz	Byzance

C

das Cabrio/Kabrio	le cabriolet
das Café	le café, le salon de thé
das Callgirl	la call-girl
der Camembert	le camembert
campen	camper
das Camping	le camping
der Campus	le campus
die Cannelloni	les cannellonis
der Catcher	le catcheur
der Cellist	le violoncelliste
das Cello	le violoncelle
das Cellophan	la cellophane
Celsius	Celsius
das Celsiusthermometer	le thermomètre Celsius
Ceylon	Ceylan, Sri Lanka
das Chagrinleder	le chagrin
chagrinieren	chagriner
das Chamäleon	le caméléon
der Champagner	le champagne
der Champignon	le champignon de Paris/de couche
der Champion	le champion, la championne
die Chance	la chance
das Chanson	la chanson
das Chaos	le chaos
chaotisch	chaotique
der Charakter	le caractère
charakterisieren	caractériser
die Charakterisierung	la caractérisation
die Charakteristik	la caractéristique
charakteristisch	caractéristique
charakterlich	caractériel, caractérielle ; de caractère
charismatisch	charismatique
charmant	charmant, charmante
der Charme/Scharm	le charme
die Charta	la charte
das Chassis	le châssis
der Chauffeur	le chauffeur
die Chaussee	la chaussée
der Chauvinismus	le chauvinisme

Der gemeinsame Wortschatz *DEUTSCH-FRANZÖSISCH*

der Chauvinist	le chauvin
chauvinistisch	chauvin, chauvine
der Chef	le chef
die Chemie	la chimie
der Chemiker	le, la chimiste
chemisch	chimique
die Chiffre	le chiffre
das Chiffretelegramm	le télégramme chiffré
chiffrieren	chiffrer
Chile	le Chili
der Chilene, -nin	le Chilien, la Chilienne
chilenisch	chilien, chilienne
der Chilesalpeter	le salpêtre du Chili
China	la Chine
der Chinese, -sin	le Chinois, la Chinoise
chinesisch	chinois, chinoise
das Chinin	la quinine
der Chirurg	le chirurgien
die Chirurgie	la chirurgie
chirurgisch	chirurgical, chirurgicale
das Chlor	le chlore
das Chlorat	le chlorate
das Chloroform	le chloroforme
chloroformieren	chloroformer
das Chlorophyll	la chlorophylle
die Cholera	le choléra
die Choleraepidemie	l'épidémie de choléra
der Choleriker	le cholérique
cholerisch	coléreux, cholérique
das Cholesterin	le cholestérol
der Chor	le chœur, la chorale
choral	choral, chorale
der Choreograph/f	le chorégraphe
die Choreographie/fie	la chorégraphie
das Chorgesang	le chant choral
der Christ, -in	le chrétien, la chrétienne
christianisieren	christianiser
Christus	Jésus-Christ, le Christ
das Chrom	le chrome
chromatisch	chromatique
das Chromosom	le chromosome
die Chronik	la chronique
chronisch	chronique
der Chronist	le chroniqueur
die Chronologie	la chronologie
chronologisch	chronologique
das/der Chronometer	le chronomètre
die Chrysantheme	le chrysanthème

Der gemeinsame Wortschatz *DEUTSCH-FRANZÖSISCH*

der Cineast,-in	le, la cinéaste
das Cinemascope	le cinémascope
der Clan	le clan
das Clearing	le clearing
die Clique	la clique
der Clou	le clou
der Clown	le clown [klun]
der Club	le club
das Cockpit	le cockpit
der Cocktail	le cocktail
der Cognac	le cognac
das Comeback	le come-back
die Compact Disc	le disque compact, le CD
der Container	le container
cool	cool
der Copilot	le copilote
der Coup	le coup
das Coupé	le coupé
die Courage	le courage
der Cousin	le cousin
die Cousine	la cousine
die Creme	la crème
der Croupier	le croupier
der, das Curry	le curry
der Cursor	le curseur

D

der Dackel	le teckel
der Dadaismus	le dadaïsme
die Dahlie	le dahlia
der Daktylus	le dactyle
Dalmatien	la Dalmatie
der Dalmatiner,-in	le, la Dalmate
der Dalmatiner (Hunderasse)	le dalmatien, la dalmatienne
dalmat(in)isch	dalmate
Damaskus	Damas
der Damast	le damas
die Dame	la dame
der Dämon	le démon
dämonisch	démoniaque, diabolique
der Däne, -in	le Danois, la Danoise
dänisch	danois, danoise
datieren	dater
der Dativ	le datif
die Dattel	la datte
die Dattelpalme	le dattier

Der gemeinsame Wortschatz *DEUTSCH-FRANZÖSISCH*

die Dauer	la durée
das Debakel	la débâcle
die Debatte	le débat
debattieren	débattre, discuter
das Debet	le débet, le débit
debil	débile
debitieren (Konto)	débiter un compte
der Debitor	le débiteur
das Debüt	le début
der Debütant, -in	le débutant, la débutante
debütieren	débuter, faire ses débuts
dechiffrieren	déchiffrer
die Dechiffrierung	le déchiffrement, le déchiffrage
die Dedikation	la dédicace
dedizieren	dédier
die Deduktion	la déduction
deduzieren	déduire
deduktiv	déductif, -ve
de facto	de fait
der Defätismus	le défaitisme
der Defätist	le défaitiste
defätistisch	défaitiste
defekt	défectueux, défectueuse
der Defekt	le défaut
defensiv	défensif, défensive
die Defensive	la défensive
defilieren	défiler
definieren	définir
die Definition	la définition
definitiv	définitif, définitive
das Defizit	le déficit
die Deflation	la déflation
die Deformation	la déformation
deformieren	déformer
die Degeneration	la dégénération, la dégénérescence
degenerieren	dégénérer
degradieren	dégrader
die Degradierung	la dégradation
der Deismus	le déisme
die Dekade	la décade, la décennie
dekadent	décadent, décadente
die Dekadenz	la décadence
das Dekagramm	le décagramme
der Dekaliter	le décalitre
die Deklamation	la déclamation
deklamieren	déclamer
die Deklaration	la déclaration
deklarieren	déclarer

Der gemeinsame Wortschatz DEUTSCH-FRANZÖSISCH

deklassieren	déclasser
die Deklination	la déclinaison
deklinieren	décliner
dekodieren	décoder
die Dekodierung	le décodage
das Dekolleté	le décolleté
dekolletiert	décolleté, décolletée
die Dekompression	la décompression
die Dekontamination, die Dekontaminierung	la décontamination
dekontaminieren	décontaminer
der Dekor	le décor
der Dekorateur	le décorateur, la décoratrice
die Dekoration	la décoration
dekorieren	décorer
dekorativ	décoratif, décorative
das Dekret	le décret
dekretieren	décréter
die Delegation	la délégation
delegieren	déléguer
der Delegierte	le délégué
delikat *(heikel)*	délicat, délicate
die Delikatesse *(Zartgefühl)*	la délicatesse
das Delikt	le délit
der Delinquent	le délinquant
delirieren	délirer
das Delirium	le délire
der Delphin	le dauphin
das Delta	le delta
der Demagoge	le démagogue
die Demagogie	la démagogie
demagogisch	démagogique
die Demarkationslinie	la ligne de démarcation
demaskieren	démasquer
das Dementi	le démenti
dementieren	démentir
die Demission	la démission
demissionieren	démissionner
demobilisieren	démobiliser
die Demobilisierung	la démobilisation
der Demokrat, -in	le, la démocrate
die Demokratie	la démocratie [-asi]
demokratisch	démocratique, démocrate
demokratisieren	démocratiser
demolieren	démolir
die Demolierung	la démolition
die Demonstration (Beweis)	la démonstration
demonstrieren (beweisen)	démontrer

Der gemeinsame Wortschatz *DEUTSCH-FRANZÖSISCH*

die Demontage	le démontage
demontieren	démonter
die Demoralisation,	
die Demoralisierung	la démoralisation
demoralisieren	démoraliser
denaturieren	dénaturer
die Denotation	la dénotation
dental	dental, dentale
der Dentist	le dentiste
denuklearisieren	dénucléariser
der Denunziant	le dénonciateur, la dénonciatrice
die Denunziation	la dénonciation
denunzieren	dénoncer
das Deodorant	le déodorant, le désodorisant
die Depesche	la dépêche
deplatziert	déplacé, déplacée
deponieren	déposer
der Depositar, der Depositär	le dépositaire
die Deportation	la déportation
deportieren	déporter
der Deportierte	le déporté, la déportée
das Depot	le dépôt
die Depression	la dépression
depressiv	déprimé, déprimée ; dépressif, dépressive
deprimieren	déprimer
deprimiert	déprimé, déprimée
der Deputierte	le député
das Derivat	le dérivé
das Desaster	le désastre
desavouieren	désavouer
der Deserteur	le déserteur
desertieren	déserter
die Desertion	la désertion
das Design	le design
der Designer	le designer
die Desinfektion	la désinfection
desinfizieren	désinfecter
die Desinformation	la désinformation
desinformieren	désinformer
desinteressiert	désintéressé, -ée
desodorisieren	désodoriser
desorientiert	désorienté
der Desperado	le desperado
der Despot	le despote
despotisch	despotique
der Despotismus	le despotisme
das Dessert	le dessert
die Dessous	les dessous

Der gemeinsame Wortschatz *DEUTSCH-FRANZÖSISCH*

destabilisieren	destabiliser
das Destillat	le distillat
die Destillation	la distillation
destillieren	distiller
die Destillierung	la distillation
destruktiv	destructif, destructive
das Detail	le détail
detailliert	détaillé, détaillée
der Detektiv	le détective
der Detektor	le détecteur
die Detonation	la détonation
der Detonator	le détonateur
die Devise	la devise
devot	dévot
der Dezember	le décembre
das Dezennium	la décennie
dezent	décent, décente
dezentralisieren	décentraliser
das Dezibel	le décibel
der (das) Deziliter	le décilitre
das Dezigramm	le décigramme
dezimal	décimal, décimale
dezimalisieren	décimaliser
der, das Dezimeter	le décimètre
dezimieren	décimer
das Dia	la diapo
der Diabetes	le diabète
der Diabetiker	le diabétique
diabolisch	diabolique
das Diadem	le diadème
die Diagnose	le diagnostic
diagnostizieren	diagnostiquer
diagonal	diagonal, diagonale
die Diagonale	la diagonale
das Diagramm	le diagramme
der Diakon	le diacre
die Diakonnisse, -in	la diaconesse
der Dialekt	le dialecte
dialektal	dialectal
die Dialektik	la dialectique
dialektisch (Philosophie)	dialectique
dialektisch (mundartlich)	dialectal
der Dialog	le dialogue
die Dialyse	la dialyse
dialysieren	dialyser
der Diamant	le diamant
diametral	diamétral, diamétrale
das Diapositiv	la diapositive

Der gemeinsame Wortschatz *DEUTSCH-FRANZÖSISCH*

die Diarrhö(e)	la diarrhée
die Diät	la diète, le régime
die Didaktik	la didactique
didaktisch	didactique
der Dieselmotor	le moteur diesel
die Differenz	la différence, le différend
das Differenzial	la différentielle
differenzieren	différencier
differieren	différer
das Diktat	la dictée
der Diktator	le dictateur
diktatorisch	dictatorial, dictatoriale
die Diktatur	la dictature
diktieren	dicter
das Dilemma	le dilemme
der Dilettant	le dilettante
dilettantisch	en dilettante
die Diözese	le diocèse
die Diphterie	la diphtérie
der Diphthong	la diphtongue
das Diplom	le diplôme
der Diplomat	le diplomate
die Diplomatie	la diplomatie [-asi]
diplomatisch	diplomatique, diplomate (Person)
der Diplomingenieur	l'ingénieur diplômé
direkt	direct, directe
die Direktion	la direction
die Direktive	la directive
das Direktorium	le directoire, la direction, le comité directeur, le Directoire (hist.)
dirigieren	diriger
die Diskette	la disquette
der Diskjockey	le disque-jockey
die Diskothek	la discothèque
diskreditieren	discréditer
diskret	discret, discrète
die Diskretion	la discrétion
diskriminieren	discriminer
die Diskriminierung	la discrimination
der Diskus	le disque
die Diskussion	la discussion
diskutabel	discutable
diskutieren	discuter
der Dispens	la dispense
die Dispensation	la dispense
dispensieren	dispenser
disponibel	disponible
disponieren	disposer

Der gemeinsame Wortschatz *DEUTSCH-FRANZÖSISCH*

die Disposition	la disposition
der Disput	la dispute
die Disqualifikation,	
die Disqualifizierung	la disqualification
disqualifizieren	disqualifier
die Dissertation *(Doktorarbeit)*	la dissertation *(Besinnungsaufsatz/Hausarbeit)*
der Dissident	le dissident
die Dissonanz	la dissonance
die Distanz	la distance
distanzieren	distancer
distinguiert	distingué, distinguée
der Distrikt	le district
die Disziplin	la discipline
disziplinarisch	disciplinaire
diszipliniert	discipliné, disciplinée
divers	divers, -e
die Dividende	le dividende
dividieren	diviser, faire la division
die Division	la division
der Divisor	le diviseur
der Diwan	le divan
das Dock	le dock
die Dogge	le dogue
das Dogma	le dogme
dogmatisch	dogmatique
der Doktor	le docteur
das Dokument	le document
der Dokumentarfilm	le documentaire
dokumentarisch	documentaire
die Dokumentation	la documentation
dokumentieren	documenter
der Dollar	le dollar
der Dom *(la cathédrale)*	le dôme *(die Kuppel/der Dom von Mailand)*
die Domäne	le domaine
dominieren	dominer
der Dominikaner, -in	le Dominicain, la Dominicaine
der Domino	le domino
dopen	doper
das Doping	le dopage, le doping
die Dose *(la boîte)*	la dose *(die Dosis)*
dosieren	doser
die Dosis	la dose
dotieren	doter
die Dotierung	la dotation
der Drache	le dragon
das Dragée	la dragée
der Dragoner	le dragon
drakonisch	draconien, draconienne

Der gemeinsame Wortschatz *DEUTSCH-FRANZÖSISCH*

das Drama	le drame
die Dramatik	le drame, l'intensité dramatique
der Dramatiker	le dramaturge, l'auteur dramatique
dramatisch	dramatique
dramatisieren	dramatiser
die Dramaturgie	la dramaturgie
die Dränage	le drainage
dränieren	drainer
drapieren	draper
dressieren	dresser
die Dressur	le dressage
dribbeln	dribbler
die Droge	la drogue
die Drogerie	la droguerie
der Drogist	le droguiste
das Dromedar	le dromadaire
der Dschungel	la jungle
die Dschunke	la jonque
die Dublette	le double, le doublet
das Duell	le duel
das Duett	le duo
der Dukaten	le ducat
das Dumping	le dumping
die Düne	la dune
das Duo	le duo, les duettistes
düpieren	duper
das Duplikat	le duplicata, le double, la copie
die Duplizität	la duplicité
die Dusche	la douche
duschen	prendre une douche, passer sous la douche
das Dutzend	la douzaine
die Dynamik	la dynamique
dynamisch	dynamique
der Dynamit	la dynamite
der Dynamo	la dynamo
die Dynastie	la dynastie

E

das Echo	l'écho
das Edikt	l'édit
der Effekt	l'effet
die Effekten	les effets
effektiv	effectif, effective
egal	égal, égale
der Egoismus	l'égoïsme
der Egoist, -in	l'égoïste

Der gemeinsame Wortschatz *DEUTSCH-FRANZÖSISCH*

egoistisch	égoïste
egozentrisch	égocentrique
die Ekstase	l'extase
ekstatisch	extatique
das Ekzem	l'exzéma, un -
der Elan	l'élan
elastisch	élastique
die Elastizität	l'élasticité
der Elephant	l'éléphant
elegant	élégant, élégante
die Eleganz	l'élégance
elektrifizieren	électrifier
die Elektrifizierung	l'électrification
der Elektriker	l'électricien
elektrisch	électrique
elektrisieren	électriser
die Elektrizität	l'électricité
die Elektrode	l'électrode
die Elektroindustrie	l'industrie électrique
der Elektroingenieur	l'ingénieur électricien
das Elektrokardiogramm	l'électrocardiogramme
die Elektrolyse	l'électrolyse
elektromagnetisch	électromagnétique
der Elektromotor	l'électromoteur
das Elektron	l'électron
die Elektronik	l'électronique
elektronisch	électronique
der Elektrorasierer	le rasoir électrique
der Elektroschock	l' électrochoc
die Elektrotechnik	l'électrotechnique
der Elektroniker	le technicien électronicien
elektrotechnisch	électrotechnique
das Element	l'élément
elementar	élémentaire
die Elite	l'élite
die Ellipse	l'ellipse
elliptisch	elliptique
der Elsässer, -in	l'Alsacien, l'Alsacienne
elsässerisch	alsacien, alsacienne
das Email, die Emaille	l'émail
emaillieren	émailler
die Emanzipation	l'émancipation
emanzipieren	émanciper
das Embargo	l'embargo, un -
die Embolie	l'embolie
das Embryo	l'embryon
der Emigrant, -in	l'émigré, l'émigrée
die Emigration	l'émigration

Der gemeinsame Wortschatz *DEUTSCH-FRANZÖSISCH*

emigrieren	émigrer
die Eminenz	l'éminence, son Éminence
die Emission	l'émission
emotional, emotionell	émotionnel, émotionelle; émotif, émotive
der Endiviensalat (=la chicorée)	l'endive (=der Chicorée)
die Energie	l'énergie
die Energiekrise	la crise d'énergie
energisch	énergique
der Engel	l'ange
der Engländer, -in	l'Anglais, l'Anglaise
englisch	anglais, anglaise
en gros	en gros
die Enklave	l'enclave
enorm	énorme
das Ensemble	l'ensemble
der Enthusiasmus	l'enthousiasme
enthusiastisch	enthousiaste, avec enthousiasme
der Enzian	la gentiane [-sj-]
die Enzyklopädie	l'encyclopédie
enzyklopädisch	encyclopédique
die Epidemie	l'épidémie
epidemisch	épidémique
das Epigramm	l'épigramme
die Epik	la poésie épique
der Epiker	le poète épique
die Epilepsie	l'épilepsie
der Epileptiker	l'épileptique
epileptisch	épileptique
der Epilog	l'épilogue
episch	épique
die Episode	l'épisode, un -
die Epistel	l'épître
die Epoche	l'époque
das Epos	l'épopée, une -, le poème épique
der Eremit	l'ermite
die Erotik	l'érotisme, l'érotique
erotisch	érotique
die Eskalation	l'escalade
der Eskimo	l'Esquimau
die Eskorte	l'escorte
eskortieren	escorter
der Essay	l'essai
die Essenz	l'essence
der Este, -in	l'Estonien, l'Estonienne
estländisch, estnisch	estonien, estonienne
die Etage	l'étage
die Etappe	l'étape
die Ethik	l'éthique

Der gemeinsame Wortschatz DEUTSCH-FRANZÖSISCH

ethisch	éthique
der Ethnologe	l'ethnologue
die Ethnologie	l'ethnologie
das Etikett	l'étiquette, une -
die Etikette	l'étiquette
die Etüde	l'étude
das Etui	l'étui
die Etymologie	l'étymologie
etymologisch	étymologique
der Eunuch	l'eunuque
der Euro	l'euro
der Europäer, -in	l'Européen, l'Européenne
europäisch	européen, européenne
evakuieren	évacuer
evangelisch	évangélique
der Evangelist	l'évangéliste
das Evangelium	l'Evangile
eventuell	éventuel, éventuelle
exakt	exact, -e
die Exaktheit	l'exactitude
das Examen	l'examen
examinieren	examiner
die Exekution	l'exécution
die Exekutive	le pouvoir exécutif
das Exempel	l'exemple
das Exemplar	l'exemplaire
exemplarisch	exemplaire, exemplairement
exerzieren	exercer
das Exil	l'exil
existent	existent, existente
der Existenzialismus	l'existentialisme
existieren	exister
exklusiv	exclusif, exclusive
exkommunizieren	excommunier
exotisch	exotique
der Expedient	l'expéditionnaire
die Expedition	l'expédition
das Experiment	l'expérience
experimentell	expérimental, -e
experimentieren	expérimenter
der Experte, -in	l'expert
die Expertise	l'expertise
explodieren	exploser
die Explosion	l'explosion
der Exponent	l'exposant
der Export	l'exportation
der Exporteur	l'exportateur
exportieren	exporter

Der gemeinsame Wortschatz *DEUTSCH-FRANZÖSISCH*

express	exprès
extra	extra
das Extrakt	l'extrait
extrem	extrême
die Exzellenz	l'excellence, son Excellence
exzentrisch	excentrique
der Exzess	l'excès

F

die Fabel	la fable
die Fabrik	la fabrique, l'usine
der Fabrikant	le fabricant
die Fabrikation	la fabrication
die Fabrikmarke	la marque de fabrique
fabrizieren	fabriquer
fade	fade
der Fakir	le fakir
das Faksimile	le fac-similé
der Faktor	le facteur
das Faktotum	le factotum
das Faktum	le fait
die Faktur(a)	la facture
fakturieren	facturer
die Fakultät	la faculté
fakultativ	facultatif, facultative; facultativement
der Falke	le faucon
falsch	faux, fausse
fälschen	fausser, falsifier
der Fälscher	le faussaire
familiär	familier, familière
die Familie	la famille
famos	fameux, fameuse
der Fan	le fan
das Fanal	le fanal
der Fanatiker	le fanatique
fanatisch	fanatique
der Fanatismus	le fanatisme
die Fanfare (coup de trompette)	la fanfare
die Fantasie	la fantaisie, l'imagination
fantastisch	fantastique
die Farce	la farce
farcieren	farcir
die Farm	la ferme
der Farmer	le fermier
der Fasan	le faisan
die Fasanerie	la faisanderie

Der gemeinsame Wortschatz DEUTSCH-FRANZÖSISCH

der Faschismus	le fascisme
der Faschist	le fasciste
faschistisch	fasciste
die Fassade	la façade
die Fasson	la façon
das Fast Food/Fastfood	le fast-food
faszinieren	fasciner
fatal	fatal, fatale
der Fatalismus	le fatalisme
der Fatalist	le fataliste
der Faun	le faune
die Fauna	la faune
der Favorit, -in	le favori, la favorite
das Fax	le fax, la télécopie
faxen	faxer, télécopier
die Fayence	la faïence
der Februar	février, le mois de février
die Fee	la fée
fein	fin
das Femininum	le féminin
das Fenster	la fenêtre
das Ferment	le ferment
das Fest	la fête
das Festival	le festival
der Fetisch	le fétiche
feudal	féodal
das Feuer	le feu
das Feuilleton *(rubrique littéraire et culturelle d'un journal)*	le feuilleton *(Fortsetzungsroman)*
das Fiasko	le fiasco
das Fieber	la fièvre
die Figur *(silhouette, figurine)*	la figure *(das Gesicht)*
figürlich	figuré, figurée ; au figuré
die Fiktion	la fiction
das Filet	le filet
die Filiale	la filiale, la succursale
das Filigran	le filigrane
der Film	le film
der (das) Filter	le filtre
der Filterkaffee	le café filtre
filtrieren	filtrer
das Finale	la finale (sport), le final/finale (musique)
finanziell	financier, financière
finanzieren	financer
die Finanzierung	le financement
Finnland	la Finlande
der Finne, -in	le Finnois, la Finnoise, le Finlandais, la Finlandaise
finnisch	finnois, finnoise; finlandais, finlandaise

Der gemeinsame Wortschatz *DEUTSCH-FRANZÖSISCH*

die Finte	la feinte
die Firma	la firme
das Firmament	le firmament
der Firnis	le vernis
fiskalisch	fiscal, fiscale
der Fiskus	le fisc
die Fistel	la fistule
fix	fixe
das Fixierbad	le bain de fixation
fixieren	fixer
der Fixstern	l'étoile fixe
das Fixum	le fixe, la somme fixe
der Fjord	le fjord
flagrant	flagrant, flagrante
der Flame, die Flämin	le Flamand, la Flamande
flämisch	flamand, flamande
die Flamme	la flamme
das Flammenmeer	la mer de flammes
der Flammentod	la mort dans les flammes
Flandern	les Flandres
flandrisch	flamand, flamande
der Flanell	la flanelle
flanieren	flâner
die Flanke	le flanc
flankieren	flanquer
flexibel	flexible
die Flexion	la flexion
der Flirt	le flirt
die Flocke	le flocon
die Flora	la flore
das Florett	le fleuret
florieren	être florissant
flößen	flotter
der Flößer	le flotteur
die Flöte	la flûte
flöten	jouer de la flûte
flott (marin)	à flot
die Flotte	la flotte
die Flottille	la flottille
das Fluidum	le fluide
das Fluor	le fluor
fluoreszieren	être fluorescent, fluorescer
der Föderalismus	le fédéralisme
der Föderalist	le fédéraliste
die Föderation	la fédération
der Föhn	le fœhn
der Foliant	l'in-folio
die Folie (Metall)	la feuille

Der gemeinsame Wortschatz *DEUTSCH-FRANZÖSISCH*

die Folklore	le folklore
die Fontäne	la fontaine
forcieren	forcer
die Form	la forme
formal	formel, formelle
die Formalität	la formalité
das Format	le format
die Formation	la formation
die Formel	la formule
formell	formel, formelle
formen	former
formieren	former
förmlich	formel, formelle ; dans les formes
die Förmlichkeit	la formalité
das Formular	le formulaire
formulieren	formuler
die Formulierung	la formulation
der Forst	la forêt
der Förster	le forestier
das Fort	le fort ; le fortin
das Foto	la photo
das Fotoalbum	l'album de photos
der Fotoapparat	l'appareil photo
fotogen	photogénique
die Fotokopie	la photocopie
fotokopieren	photocopier
das Fotomodell	le modèle
die Fotomontage	le photomontage
die Fotozelle	la cellule photo-électrique
der Fötus	le fœtus
das Foul	la faute
der Foxterrier	le fox-terrier/fox
der Foxtrott	le fox-trot
das Fragment	le fragment
fragmentarisch	fragmentaire
die Fraktion des Parlaments	la fraction de l'assemblée
die Fraktur	la fracture
frank und frei	franc, franche ; franchement
der Franke	le Franc; le Franconien
Franken	la Franconie
die Fränkin	la Franque ; la Franconienne
fränkisch	franc ; franconien
franko	franc(o) de port
die Franse	la frange
der Franziskaner, -in	le franciscain, la franciscaine
der Franzose, die Französin	le Français, la Française
französisch	français, française
fräsen	fraiser

Der gemeinsame Wortschatz *DEUTSCH-FRANZÖSISCH*

die Fregatte	la frégate
frequentieren	fréquenter
die Frequenz	la fréquence
das Fresko	la fresque
der Fries	la frise
der Friese, -in	le Frison, la Frisonne
friesisch	frison, frisonne
die Frikadelle	la fricadelle
frivol	frivole
die Front	le front
frontal	de front
frottieren	frotter
die Frucht	le fruit
frugal	frugal, sobre
frustrieren	frustrer
die Fuchsie	le fuchsia
die Fuge	la fugue
das Fundament	le fondement, les fondations
fundamental	fondamental, fondamentale
fundamentieren	faire les fondations
fundiert	bien fondé
fungieren	faire fonction de
die Funktion	la fonction
der Funktionär	le fonctionnaire
funktionell	fonctionnel, fonctionelle
funktionieren	fonctionner
Furore machen	faire fureur
der/das Furunkel	le furoncle
die Furunkulose	la furonculose
die Fusion	la fusion
fusionieren	fusionner
der Fußball	le football
das Futur	le futur
der Futurismus	le futurisme
der Futurist	le futuriste
futuristisch	futuriste

G

der Gabardine	la gabardine
die Gage *(le cachet)*	le gage *(das Pfand)*
die Gala	le gala
der Galan	le galant
galant	galant, galante
die Galanterie	la galanterie
die Galeere	la galère
die Galerie	la galerie

Der gemeinsame Wortschatz DEUTSCH-FRANZÖSISCH

der Gallier, -in	le Gaulois, la Gauloise
gallisch	gaulois, gauloise
der Galopp	le galop
die Galosche	la galoche
galvanisch	galvanique
galvanisieren	galvaniser
der Galvanometer	le galvanomètre
die Galvanoplastik	la galvanoplastie
der Gangster	le gangster
die Garage	le garage
der Garant	le garant
die Garantie	la garantie
garantieren	garantir
die Garbe	la gerbe
die Garde	la garde
die Garderobe	la garde-robe
garnieren	garnir
die Garnierung	la garniture
die Garnison	la garnison
die Garnitur	la garniture
das Gas	le gaz
der Gaskogner/Gascogner,-in	le Gascon, la Gasconne
gaskognisch/gascognisch	gascon, gasconne
das Gasolin	la gazoline
der Gasometer	le gazomètre
die Gastritis	la gastrite
die Gastronomie	la gastronomie
die Gaze	la gaze
die Gazelle	la gazelle
die Gelatine	la gélatine
das (der) Gelee	la gelée
das Gen	le gène
der Gendarm	le gendarme
der General	le général
die Generation	la génération
der Generator	le générateur
generell	général, générale ; généralement
Genf	Genève
der Genfer, -in	le Genevois, la Genevoise
genial	génial, géniale
die Genialität	la génialité
das Genie	le génie
genieren	gêner
die Genitalien	les parties génitales
der Genitiv	le génitif
das Genus	le genre
der Geograf, der Geograph	le géographe
die Geografie	la géographie

Der gemeinsame Wortschatz *DEUTSCH-FRANZÖSISCH*

geografisch	géographique
der Geologe	le géologue
die Geologie	la géologie
geologisch	géologique
der Geometer	le géomètre
die Geometrie	la géométrie
geometrisch	géométrique
die Geophysik	la géophysique
die Geranie	le géranium
der Germane, die Germanin	le Germain, la Germaine
germanisch	germanique
der Germanist, -in	le, la germaniste
die Germanistik	l'étude des langues germaniques
das Gerundium	le gérondif
die Geste	le geste
das Getto/Ghetto	le ghetto
der Gigant	le géant
gigantisch	gigantesque
die Gilde	la gilde, la ghilde, la guilde
der Gin	le gin
die Giraffe	la girafe
die Girlande	la guirlande
die Gitarre	la guitare
der Gitarrenspieler	le guitariste
der Gladiator	le gladiateur
die Gladiole	le glaïeul
die Glasur	la glaçure; le glaçage
global	global, globale; globalement
der Globus	le globe (terrestre)
die Glorie	la gloire
glorreich	glorieux, glorieuse
das Glossar	le glossaire
die Glosse	la glose
glossieren	gloser
gluckern	glouglouter
das Glyzerin	la glycérine
der Gnom	le gnome
der Golf	le golfe
das Golfspiel	le golfe
die Gondel	la gondole
der Gong	le gong
der Gorilla	le gorille
die Goten	les Goths
die Gotik	le (style) gothique
gotisch	gothique
die Gouvernante	la gouvernante
der Gouverneur	le gouverneur
der Grad	le grade

Der gemeinsame Wortschatz *DEUTSCH-FRANZÖSISCH*

die Graphik, die Grafik	l'art graphique
graphisch, grafisch	graphique
das Gramm	le gramme
die Grammatik	la grammaire
grammatikalisch, grammatisch	grammatical, grammaticale; grammaticalement
das Grammophon	le gramophone
der Granat	le grenat
der Granatapfel	la grenade
die (Hand-)Granate	la grenade
grandios	grandiose
der Granit	le granit
die Grapefruit	le grape-fruit, le pomélo, le pamplemousse
der Graphit/Grafit	le graphite
der Graphologe	le graphologue
die Graphologie	la graphologie
graphologisch	graphologique
die Gratifikation	la gratification
gratis	gratis, gratuit, -e ; gratuitement
der Graveur	le graveur
gravieren	graver
gravierend	grave, sérieux
die Gravierung	la gravure
die Gravitation	la gravitation
gravitätisch	grave, solennel, solenelle
gravitieren	graviter
die Gravur, die Gravüre	la gravure
die Grazie	la grâce
graziös	gracieux, gracieuse
der Grieche, die Griechin	le Grec, la Grecque
Griechenland	la Grèce
griechisch	grec
griechisch-römisch	gréco-romain
der Grill	le gril
die Grille	le grillon
die Grimasse	la grimace
die Grippe	la grippe
der Grog	le grog
das Gros	le gros de qc
grotesk	grotesque
die Grotte	la grotte
die Gruppe	le groupe
gruppieren	grouper
die Gruppierung	le groupement
der Guerillakrieg	la guérilla
das/der Gulasch	le goulasch/goulache
der Gummi	la gomme
gummieren	gommer
das Gymnasium *(le lycée)*	le gymnase *(la salle des sports)*

160

Der gemeinsame Wortschatz DEUTSCH-FRANZÖSISCH

die Gymnastik	la gymnastique
gymnastisch	gymnastique
der Gynäkologe	le gynécologue
die Gynäkologie	la gynécologie
gynäkologisch	gynécologique

H

die Habilitation	l'habilitation
der Habitus	l'habitus
die Halle	le hall
halleluja	alléluia
hallo!	allô!
die Halluzination	l' hallucination
halogen	halogène
die Halogenlampe	la lampe halogène
die Hämorrhoiden, die Hämorriden	les hémorroïdes
der Hamster	le hamster
das Handikap	le handicap, *souvent* l'handicap
der Hangar	le hangar
die Hansestadt	ville hanséatique
die Hantel	l' haltère
der Harem	le harem
die Harfe	la harpe
der Harlekin	l'arlequin
die Harmonie	l'harmonie
die Harmonika	l'harmonica, un -
harmonisch	harmonieux, harmonieuse ; harmonieusement
das Harmonium	l'harmonium, un -
der Harnisch	le harnais
die Harpune	le harpon
harpunieren	harponner
das Haschee	le hachis
haschieren	hacher
das Haschisch	le ha(s)chisch
der Hass	la haine
hassen	haïr, détester
die Hast	la hâte
hasten	se hâter
die Haubitze	l'obusier
die Hausse	la hausse
die Havanna (Zigarre)	le havane
die Havarie	l'avarie
die H-Bombe	la bombe H
der Hebräer	l'Hébreu
hebräisch	hébreu, hébraïque
die Hegemonie	l'hégémonie

Der gemeinsame Wortschatz *DEUTSCH-FRANZÖSISCH*

der/das Hektar	l'hectare
hektographieren	hectographier
der Hektoliter	l'hectolitre
das Helium	l'hélium
die Hellebarde	la hallebarde
die Hemisphäre	l'hémisphère
das Herbarium	l'herbier
die Herberge	l'auberge
der Hering	le hareng
das Hermelin	l'hermine
hermetisch	hermétique
der Heroe	le héros
das Heroin	l'héroïne
heroisch	héroïque
der Heroismus	l'héroïsme
der Herold	le héraut
der Heros	le héros
der Hesse, -in	l'Hessois, l'Hessoise
hessisch	hessois, hessoise
die Hierarchie	la hiérarchie
hierarchisch	hiérarchique
die Hieroglyphe	la hiéroglyphe
der Hindu	l'Hindou
hissen	hisser
die Historie	l'histoire
der Historiker	l'historien
historisch	historique
das Hobby	le hobby
das Hockey	le hockey
der Holländer, -in	le Hollandais, la Hollandaise
holländisch	hollandais, hollandaise
homogen	homogène
die Homogenität	l'homogénéité
der Homöopath	l'homéopathe
die Homöopathie	l'homéopathie
homöopathisch	homéopathique
die Homosexualität	l'homosexualité
homosexuell	homosexuel, homosexuelle
der, die Homosexuelle	l'homosexuel, l'homosexuelle
das Honorar	les honoraires
hopp !	hop !
hoppla !	hop là ! holà !
die Horde	la horde
der Horizont	l'horizon
horizontal	horizontal, horizontale
das Hormon	l'hormone
hormonell	hormonal, hormonale
das Horn	la corne, le cor

Der gemeinsame Wortschatz *DEUTSCH-FRANZÖSISCH*

der Hornist	le corniste
das Horoskop	l'horoscope
die Hortensie	l'hortensia
das Hospital	l'hôpital
das Hospiz	l'hospice
die Hostess	l'hôtesse
die Hostie	l'hostie
das Hotel	l'hôtel
hü! *(vorwärts/links/halt)*	hue! *(vorwärts/rechts)*
der Hugenotte, -in	le huguenot, la huguenote
human	humain, humaine
der Humanismus	l'humanisme
der Humanist, -in	l'humaniste
humanistisch	humaniste
humanitär	humanitaire
die Humanität	l'humanité
der Hummer	le homard
der Humor	l'humour
die Humoreske	la pièce humoristique
der Humorist	l'humoriste
humoristisch	humoristique
der Humus	l'humus
die Hunnen	les Huns (keine liaison !)
hurra!	hourra!
der Husar	le hussard
die Hyäne	l'hyène
die Hyazinthe	la jacinthe
die Hydraulik	l'hydraulique
hydraulisch	hydraulique
die Hygiene	l'hygiène
hygienisch	hygiénique
die Hymne	l'hymne, un -
die Hyperbel	l'hyperbole
die Hypnose	l'hypnose
der Hypnotiseur	l'hypnotiseur
hypnotisieren	hypnotiser
der Hypochonder	l'hypocondriaque
die Hypotenuse	l'hypoténuse
die Hypothek	l'hypothèque
hypothekarisch	hypothécaire
die Hypothese	l'hypothèse
hypothetisch	hypothétique
die Hysterie	l'hystérie
hysterisch	hystérique

I

iberisch	ibérique
ideal	idéal
das Ideal	l'idéal
idealisieren	idéaliser
der Idealismus	l'idéalisme
der Idealist, -in	l'idéaliste
idealistisch	idéaliste
die Idee	l'idée
ideell *(nur gedacht, geistig)*	idéal, idéale *(qui n'existe que dans la pensée)*
identifizieren	identifier
identisch	identique
die Identität	l'identité
die Ideologie	l'idéologie
ideologisch	idéologique
das Idiom	un idiome
idiomatisch	idiomatique
der Idiot	l'idiot
die Idiotie	l'idiotie
idiotisch	idiot, idiote
das Idol	une idole
das Idyll	une idylle
idyllisch	idyllique
der Ignorant	l'ignorant
die Ignoranz	l'ignorance
ignorieren	ignorer délibérément
die Ikone	une icône
illegal	illégal, illégale, illégalement
illegitim	illégitime
die Illusion	l'illusion
illusorisch	illusoire
die Illustration	l'illustration
illustrieren	illustrer
die Illustrierte	un illustré (le magazine)
das Image	l'image (de marque)
die Immatrikulation	l'immatriculation
immatrikulieren	immatriculer
die Immobilien	les immeubles
immun	immunisé, immunisée
die Immunität	l'immunité
der Imperativ	l'impératif
das Imperfekt	l'imparfait
der Imperialismus	l'impérialisme
imperialistisch	impérialiste
imponieren	en imposer à
imponierend	imposant, imposante

Der gemeinsame Wortschatz *DEUTSCH-FRANZÖSISCH*

der Import	l'import
der Importeur	l'importateur
importieren	importer
imprägnieren	imprégner
improvisieren	improviser
der Impuls	une impulsion
impulsiv	impulsif, impulsive
der Inder, -in	l'Indien, l'Indienne
der Index	l'index, l'indice
der Indianer, -in	l'Indien, l'Indienne
indanisch	indien, indienne
Indien	l'Inde
der (das) Indigo	un indigo
der Indikativ	l'indicatif
indirekt	indirect, indirecte, indirectement
indisch	indien, indienne
indiskret	indiscret, indiscrète
die Indiskretion	l'indiscrétion
der Individualist, -in	l'individualiste
individuell	individuel, individuelle
das Individuum	un individu
Indonesien	l'Indonésie
der Indonesier, -in	l'Indonésien, l'Indonésienne
indonesisch	indonésien, indonésienne
das Indossament	l'endossement
indossieren	endosser
die Induktion	l'induction
industrialisieren	industrialiser
die Industrialisierung	l'industrialisation
die Industrie	l'industrie
industriell	industriel, industrielle
der Industrielle	l'industriel
der Industriestaat	l'Etat industriel
das Industriezentrum	le centre industriel
infam	infâme
die Infanterie	l'infanterie
der Infarkt	un infarctus
die Infektion	l'infection
der Infinitiv	un infinitif
infizieren	infecter
die Inflation	l'inflation
die Information	l'information
informieren	informer
infrarot	infrarouge
der Ingenieur	l'ingénieur
inhalieren	inhaler
die Initiative	l'initiative
die Injektion	l'injection

Der gemeinsame Wortschatz *DEUTSCH-FRANZÖSISCH*

injizieren	injecter
das Inkasso	l'encaissement
inklusive	inclusivement, y compris
inkognito	incognito
das Inkognito	un incognito
inkonsequent	inconséquent, inconséquente
die Innovation	l'innovation
innovativ	innovateur
der Innovator, -in	l'innovateur, l'innovatrice
innovatorisch	innovateur
inoffiziell	inofficiel, inoficielle
die Inquisition	l'Inquisition
der Inquisitor	l'inquisiteur
das Insekt	un insecte
die Insel	une île
inserieren	insérer une annonce dans un journal
insolvent	insolvable
der Inspekteur	l'inspecteur
die Inspektion	l'inspection
der Inspektor	l'inspecteur
die Inspiration	l'inspiration
inspirieren	inspirer
der Inspizient	l'inspecteur
inspizieren	inspecter
die Installation	l'installation
installieren	installer
die Instanz	l'instance
der Instinkt	l'instinct
instinktiv	instinctif, instinctive, instinctivement
das Institut	l'institut
die Institution	l'institution
instruieren	instruire
die Instruktion	l'instruction
das Instrument	un instrument
das Insulin	l'insuline
der Insurgent	l'insurgent
die Insurrektion	l'insurrection
intakt	intact
das Integral	une intégrale
die Integration	l'intégration
integrieren	intégrer
der Intellekt	un intellect
intellektuell	intellectuel, intellectuelle, intellectuellement
intelligent	intelligent, intelligente, intelligemment
die Intelligenz	l'intelligence
der Intelligenztest	le test d'intelligence
der Intendant	l'intendant
die Intensität	l'intensité

intensiv	intensif, intensive
intensivieren	intensifier
interessant	intéressant, intéressante
der Interessent	l'intéressé
(sich) interessieren (für)	(s') intéresser (à)
interkontinental	intercontinental, intercontinentale
intern	interne
das Internat	l'internat
international	international, internationale
internieren	interner
interplanetarisch	interplanétaire
der Interpret	un interprète
die Interpretation	l'interprétation
interpretieren	interpréter
die Interpunktion	la ponctuation
das Intervall	un intervalle
intervenieren	intervenir
die Intervention	l'intervention
das Interview	un/une interview
interviewen	interviewer
intim	intime
die Intimität	l'intimité
intolerant	intolérant
die Intoleranz	l'intolérance
intransitiv	intransitif, intransitive
der Intrigant, -in	l'intrigant, l'intrigante
die Intrige	l'intrigue
intrigieren	intriguer
der Invalide	l'invalide
die Invalidität	l'invalidité
die Invasion	l'invasion
das Inventar	un inventaire
die Inventur	un inventaire
investieren	investir
die Investition	l'investissement
irakisch	iraquien, iraquienne
iranisch	iranien, iranienne
der Ire, -in	l'Irlandais, l'Irlandaise
irisch	irlandais, irlandaise
Irland	l'Irlande
die Ironie	l'ironie
irritieren	irriter
der Islam	l'islam
Island	l'Islande
der Isländer, -in	l'Islandais, l'Islandaise
die Isolation	un isolement
isolieren	isoler
Israel	l'État d'Israël

Der gemeinsame Wortschatz DEUTSCH-FRANZÖSISCH

der Israeli	l'Israélien, l'Israélienne
israelisch	israélien, israélienne
der Israelit, -in	l'Israélite
der Isthmus	un isthme
Italien	l'Italie
der Italiener, -in	l'Italien, l'Italienne
italienisch	italien, italienne

J

die Jacht	le yacht
die Jacke	la jaquette
der Jaguar	le jaguar
der Jakobiner, -in	le jacobin, la jacobine
die Jalousie	la jalousie
der Januar	janvier
der Japaner, -in	le Japonais, la Japonaise
japanisch	japonais, japonaise
der Jasmin	le jasmin
der Jazz	le jazz
die Jazzmusik	la musique de jazz
die Jeans	le jean, les jeans
der Jeep	la jeep
jemals	jamais
der Jesuit, -in	le, la jésuite
Jesus	Jésus
das Joch	le joug
der Jockei	le jockey
das Jod	le iode
jodeln	jodler, iouler,
der Jodler	le jodleur
die Jodlösung	le iode en solution
die Jodtinktur	la tincture d' iode
das (der) Joghurt	le joghourt, le jaourt
die Jolle	la yole
der Jongleur	le jongleur
jonglieren	jongler
das Journal	le journal
der Journalismus	le journalisme
der Journalist	le journaliste
jovial	jovial, joviale
der Jubel	le jubilé
jubeln	jubiler
der Jubilar	le jubilaire
das Jubiläum	le jubilé
der Jude	le Juif
die Jüdin	la Juive

Der gemeinsame Wortschatz *DEUTSCH-FRANZÖSISCH*

jüdisch	juif, juive ; judaïque
der Jugoslawe, -in	le, la Yougoslave
jugoslawisch	yougoslave
der Juli	le juillet
der Jumbo, der Jumbo-Jet	le jumbo-jet
der Juni	le juin
junior	junior
die Jurisprudenz	la jurisprudence
der Jurist	le Juriste
juristisch	juridique
die Jury	le jury
just	juste, justement
justieren	ajuster
die Justiz	la justice
die Jute	la jute

K

die Kabale	la cabale (l'intrigue)
das Kabarett	les chansonniers
der Kabarettist	le chansonnier de cabaret
das Kabel	le câble
kabeln	câbler
die Kabine	la cabine
das Kabinett	le cabinet
das Kabriolett	le cabriolet
der Kadaver	le cadavre
der Kader	le cadre
der Kadett	le cadet
der Kaffee	le café
der Kai	le quai
der (das) Kajak	le kayak
der Kakadu	le cacatoès
der Kakao	le cacao
die Kakteen	les cactées
der Kaktus	le cactus
die Kalamität	la calamité
das Kaleidoskop	le kaléidoscope
der Kalender	le calendrier
das Kaliber	le calibre
der Kalif	le calife
die Kalkulation	le calcul
kalkulieren	calculer
die Kalorie	la calorie
der Kalvinismus	le calvinisme
kalvinistisch	calviniste
das Kalzium	le calcium

Der gemeinsame Wortschatz DEUTSCH-FRANZÖSISCH

das Kamel	le chameau
die Kamelie	le camélia
die Kamera	la caméra
der Kamerad, -in	le, la camarade
der Kameramann	le caméraman
die Kamille	la camomille
der Kamin	la cheminée
die Kammer	la chambre
die Kampagne	la campagne
der Kampfer	le camphre
kampieren	camper
der Kanadier, -in	le Canadien, la Canadienne
kanadisch	canadien, canadienne
der Kanal	le canal
kanalisieren	canaliser
die Kanalisierung	le canalisation
der Kanarienvogel	le canari
der Kandelaber	le candélabre
der Kandidat, -in	le candidat, la candidate
die Kandidatenliste	la liste de candidats
die Kandidatur	la candidature
kandidieren	se porter candidat, poser sa candidature
der Kandis, der Kandiszucker	le sucre candi
das Känguru	le kangourou
der Kannibale	le cannibale
der Kanon	le canon
die Kanonade	la canonnade
die Kanone	le canon
das Kanonenboot	la canonnière
der Kanonier	le canonnier
der Kanonikus	le chanoine
kanonisch	canonique
die Kantate	la cantate
die Kantine	la cantine
der Kanton	le canton
kantonal	cantonal
der Kantor	le chantre
das Kanu	le canoë
die Kanüle	la canule
die Kanzlei	la chancellerie
der Kanzler	le chancelier
der Kapaun	le chapon
die Kapazität	la capacité
die Kapelle	la chapelle
die Kaper	la câpre
das Kapillargefäß	le (vaisseau) capillaire
das Kapital	le capital
kapitalisieren	capitaliser

Der gemeinsame Wortschatz *DEUTSCH-FRANZÖSISCH*

der Kapitalismus	le capitalisme
der Kapitalist	le capitaliste
kapitalistisch	capitaliste
der Kapitän	le capitaine
das Kapitel	le chapitre
das Kapitell	le chapiteau
die Kapitulation	la capitulation
kapitulieren	capituler
der Kaplan	le chapelain
der Kapokbaum	le kapokier
das Käppi	le képi
die Kapriole	la cabriole
kapriziös	capricieux, capricieuse
die Kapsel	la capsule
die Kapuze	le capuchon, la capuche
der Kapuziner	le capucin
der Karabiner	la carabine
die Karaffe	la carafe
die Karambolage	le carambolage
karambolieren	entrer en collision, caramboler
der Karamel, der Karamell	le caramel
das Karat	le carat
die Karawane	la caravane
das Karbid	le carbure (de calcium)
der Kardinal	le cardinal
das Kardiogramm	la cardiogramme
kariert	à carreaux
die Karies	la carie
die Karikatur	la caricature
der Karikaturist	le caricaturiste
karikieren	caricaturer
kariös	carieux, carieuse
karitativ	caritatif, charitable
der Karmeliter, -in	le carme, la carmélite
das Karmesin	le cramoisi
das Karmin	le carmin
karminrot	carminé, carminée
der Karneval	le carnaval
das Karo	le carreau
der Karolinger	le Carolingien
die Karosserie	la carosserie
das Karotin	le carotène
die Karotte	la carotte
der Karpfen	la carpe
die Karre, -n	la charrette
karren	charrier
die Karriere	la carrière
die Kartause	la chartreuse

Der gemeinsame Wortschatz DEUTSCH-FRANZÖSISCH

der Kartäuser	le chartreux, la chartreuse
das Kartäuserkloster	la chartreuse
die Karte	la carte
das Kartell	le cartel
der Kartograph/Kartograf	le cartographe
der Karton	le carton
kartonieren	cartonner
die Kartusche	la cartouche
das Karussell	le carrousel
das Karzinom	le carcinome
die Kaschmirwolle	le cachemire
die Kasematte	la casemate
die Kaserne	la caserne
kasernieren	caserner
das Kasino	le casino
die Kassation	la cassation
die Kasse	la caisse
die Kassette	la cassette
kassieren	encaisser (argent), casser (droit)
der Kassierer, -in	le caissier, la caissière
die Kaste	la caste
der Kastrat	le castrat
die Kastration	la castration
der Kasus	le cas
der Katafalk	le catafalque
die Katakombe	la catacombe
der Katalane, -in	le catalan, la catalane
katalanisch	catalan, catalane
der Katalog	le catalogue
katalogisieren	cataloguer
das Katapult	la catapulte
katapultieren	catapulter
der Katapultstart	le (décollage par) catapultage
der Katarakt	la cataracte
der Katarr, der Katarrh	le catarrhe, le rhume
der/das Kataster	le cadastre
katastrophal	catastrophique
die Katastrophe	la catastrophe
der Katechismus	le catéchisme
die Kategorie	la catégorie
kategorisch	catégorique
das Katheder	la chaire
die Kathedrale	la cathédrale
der Katheter	le cathéter
die Kathode	la cathode
der Katholik, -in	le, la catholique
katholisch	catholique
der Katholizismus	le catholicisme

Der gemeinsame Wortschatz *DEUTSCH-FRANZÖSISCH*

kausal	causal, causale
die Kaution	la caution, le cautionnement (Summe)
der Kautschuk	le caoutchouc
der Kavalier	le cavalier
die Kavallerie	la cavalerie
der Kavallerist	le cavalier
der Kaviar	le caviar
der Kelte	le Celte
keltisch	celtique
die Keramik	la céramique
das Kerosin	le kérosène
der Ketschup, der Ketchup	le ketchup, la sauce anglaise
der Kibbuz	le kiboutz
der Kidnapper	le kidnappeur, le ravisseur
das Kikeriki	le cocorico
das Kilo	le kilo
das Kilogramm	le kilogramme
der Kilometer	le kilomètre
das Kilowatt	le kilowatt
der Kimono	le kimono
das Kino	le cinéma, le ciné
der Kiosk	le kiosque
die Kirmes	la kermesse
der Kirsch	le kirsch
das Kissen	le coussin
die Kiste	la caisse
klar	clair, claire
klären	clarifier
die Klarinette	la clarinette
der Klarinettist	le clarinettiste
die Klärung	la clarification
die Klasse	la classe
klassifizieren	classifier
die Klassifizierung	la classification
die Klassik	le classicisme
der Klassiker	le classique, l'auteur classique
klassisch	classique
der Klassizismus	le classicisme
die Klausel	la clause
die Klaviatur	le clavier
der Kleptomane	le cleptomane
die Kleptomanie	la cleptomanie
die Kleptomanin	la cleptomane
klerikal	clérical, cléricale
der Klient, -in	le client, la cliente
das Klima	le climat
klimatisch	climatique
die Klinik	la clinique

Der gemeinsame Wortschatz DEUTSCH-FRANZÖSISCH

klinisch	clinique
das Klischee	le cliché
die Kloake	le cloaque
der Klub	le club
der Knock-out/Knockout	le knock-out
die Koalition	la coalition
das Kobalt	le cobalt
der Kodex	le code
die Koedukation	la coéducation
der Koeffizient	le coefficient
die Koexistenz	la coexistence
das Koffein	la caféine
der Kofferraum (im Auto)	le coffre
der Kognak (Weinbrand)	le cognac
kognitiv	cognitif, cognitive
kohärent	cohérent, -e
die Kohärenz	la cohérence
die Kohäsion	la cohésion
kohäsiv	cohésif, cohésive
der Koitus	le coït
das Kokain	la cocaïne, la coke
kokett	coquet, coquette
kokettieren	coqueter
der Kokon	le cocon
die Kokotte	la cocotte
der Koks	le coke
die Kolchose	le kolkhose
der Kolibri	le colibri
die Kolik	la colique
der Kollaborateur	le collaborationniste, le collaborateur, le collabo
der Kollaps	le collapsus
der Kollege	le, la collègue
kollegial	de collègue
das Kollegium	le collège
die Kollekte	la collecte
kollektiv	collectif, collective
kollidieren	entrer en collision
die Kollision	la collision
das Kolloquium	le colloque
das Kölnischwasser	l'eau de Cologne
das Kolonialgebiet	le territoire colonial
der Kolonialismus	le colonialisme
die Kolonie	la colonie
kolonisieren	coloniser
der Kolonist	le colon
die Kolonnade	la colonnade
die Kolonne	la colonne
das Kolophonium	le colophane

Der gemeinsame Wortschatz *DEUTSCH-FRANZÖSISCH*

kolorieren	colorier
das Kolorit	le coloris
der Koloss	le colosse
kolossal	colossal, colossale
kolportieren	colporter
das Koma	le coma
komatös	comateux, -euse
die Kombination	la combinaison
kombinieren	combiner
der Komet	la comète
der Komfort	le confort
komfortabel	confortable
die Komik	le comique de qc
der Komiker	le comique
komisch	comique
das Komitee	le comité
der Kommandant	le commandant
kommandieren	commander
das Kommando	le commandement
der Kommentar	le commentaire
kommerziell	commercial, commerciale
der Kommissar	le commissaire
das Kommissariat	le commissariat
die Kommission	la commission
der Kommissionär	le commisssionnaire
die Kommode	la commode
kommunal	communal, communale
die Kommune	la commune
der Kommunikant	le communiant, communiante
die Kommunion	la communion
der Kommunismus	le communisme
der Kommunist,-in	le, la communiste
kommunistisch	communiste
kommunizieren	communiquer ; communier
der Komödiant, -in	le comédien, la comédienne
die Komödie	la comédie
die Kompanie	la compagnie
der Komparativ	le comparatif
der Kompass *(la boussole)*	le compas *(der Zirkel; der Kompass)*
die Kompensation	la compensation
kompensieren	compenser
kompetent	compétent, compétente
die Kompetenz	la compétence
komplementär	complémentaire
komplett	complet, complète
der Komplex	le complexe
komplex	complexe
die Komplikation	la complication

Der gemeinsame Wortschatz DEUTSCH-FRANZÖSISCH

das Kompliment	le compliment
komplimentieren	complimenter
komplizieren	compliquer
das/der Komplott	le complot
die Komponente	la composante
komponieren	composer
der Komponist	le compositeur
die Komposition	la composition
der Kompost	le compost
kompostieren	composter
das Kompott	la compote
die Kompresse	la compresse
der Kompressor	le compresseur
komprimieren	comprimer
der Kompromiss	le compromis
kompromittieren	compromettre
die Kondensation	la condensation
der Kondensator	le comdensateur, le condenseur
kondensieren	condenser
der Konditional	le conditionnel
kondolieren	faire des condoléances
das Konfekt	la confiserie
die Konfektion	la confection
die Konferenz	la conférence
konferieren	conférer
die Konfession	la confession
konfessionell	confessionnel, confessionnelle
das Konfetti	les confettis (un confetti)
die Konfirmation	la confirmation
konfirmieren	confirmer
konfiszieren	confisquer
die Konfitüre	la confiture
der Konflikt	le conflit
konfrontieren	confronter
konfus	confus, confuse
der Kongress	le congrès
kongruent	congruent, congruente
konisch	conique
die Konjugation	la conjugaison
konjugieren	conjuguer
die Konjunktion	la conjonction
die Konjunktur	la conjoncture
konkav	concave
das Konkordat	le concordat
konkret	concret, concrète
der Konkurrent,-in	le concurrent, la concurrente, le compétiteur, la compétitrice
konkurrieren	concourir

Der gemeinsame Wortschatz *DEUTSCH-FRANZÖSISCH*

konsequent	conséquent, conséquente
die Konsequenz	la conséquence
konservativ	conservatif, conservative
das Konservatorium	le conservatoire
die Konserve	la conserve
konservieren	conserver
das Konsistorium	le consistoire
konsolidieren	consolider
der Konsonant	la consonne
das Konsortium	le consortium
konstant	constant, constante; constamment
konstatieren	constater
die Konstellation	la constellation
konstituieren	constituer
die Konstitution	la constitution
konstitutionell	constitutionnel, constitutionnelle
konstruieren	construire
die Konstruktion	la construction
konstruktiv	constructif, constructive
der Konsul	le consul
konsularisch	consulaire
das Konsulat	le consulat
die Konsultation	la consultation
konsultieren	consulter
der Konsum	la consommation
der Konsument	le consommateur
konsumieren	consommer
der Kontakt	le contacte
die Konterrevolution	la contre-révolution
der Kontinent	le continent
kontinental	continental, continentale
das Kontingent	le contingent
kontingentieren	contingenter
kontinuierlich	continuel, continuelle
die Kontinuität	la continuité
das Konto	le compte
das Kontor	le comptoir
der Kontrabass	la contrebasse
der Kontrahent (Vertrag)	le contractant
der Kontrakt	le contrat
der Kontrapunkt	le contrepoint
der Kontrast	le contraste
kontrastieren	contraster
die Kontrolle	le contrôle
der Kontrolleur	le contrôleur
kontrollieren	contrôler
die Kontroverse	la controverse
die Kontur, die Konturen	le contour, les contours

Der gemeinsame Wortschatz DEUTSCH-FRANZÖSISCH

der Konvent (Mönchsversammlung)	le couvent (Kloster)
die Konvention	la convention
konventionell	conventionnel, conventionnelle
die Konversation	la conversation
konvertierbar	convertible
konvertieren	convertir
konvex	convexe
der Konvoi	le convoi
das Konzentrat	le concentré
die Konzentration	la concentration
konzentrieren	concentrer
konzentrisch	concentrique
die Konzeption	la conception
das Konzert	le concert
die Konzession	la concession
das Konzil	le concile
die Koordinate	la coordonnée
die Kopie	la copie
kopieren	copier
der Kopilot	le copilote
koppeln	coupler
die Koralle	le corail
der Koran	le Coran
der Korb	la corbeille
die Kordel	la corde, le cordon
Korea	la Corée
der Koreaner, -in	le Coréen, la Coréenne
Korinth	Corinthe
die Korinthe	le raisin de Corinthe
korinthisch	corinthien, corinthienne
das Kornett	le cornet
der Kornett	le cornette
der Kornettist	le cornettiste
der Körper	le corps
körperlich	corporel, corporelle
der Kaporal	le caporal
die Korporation	la corporation
korporativ	corporatif, corporative
das Korps	le corps
korpulent	corpulent, corpulente
die Korpulenz	la corpulence
korrekt	correct, -e
die Korrektheit	la correction
der Korrektor	le correcteur
die Korrektur	la correction
der Korrespondent,-in	le correspondant, la correspondante
die Korrespondenz	la correspondance
korrespondieren	correspondre

Der gemeinsame Wortschatz DEUTSCH-FRANZÖSISCH

der Korridor	le corridor, le couloir
korrigieren	corriger
die Korrosion	la corrosion
korrupt	corrompu, corrompue
die Korruption	la corruption
der Korse, die Korsin	le, la Corse
das Korsett	le corset
korsisch	corse
die Korvette	la corvette
die Koryphäe	le coryphée
der Kosak, -in	le, la Cosaque
der Kosinus	le cosinus
die Kosmetik	la cosmétique
kosmetisch	cosmétique
kosmisch	cosmique
die Kosmogonie	la cosmogonie
kosmogonisch	cosmogonique
die Kosmologie	la cosmologie
kosmologisch	cosmologique
der Kosmonaut, -in	le, la cosmonaute
der Kosmopolit, -in	le cosmopolite, la cosmopolite
kosmopolitisch	cosmopolite
der Kosmos	le cosmos
kosten	coûter
das Kostüm (Theaterverkleidung)	le costume
das Kostüm *(le tailleur)*	le costume *(der Anzug)*
das Kotelett	la côtelette
die Koteletten	les côtelettes (Bart)
die Krabbe	la crevette; le crabe
die Krampe	le crampon
der Krampf	la crampe
krass	crasse
der Krater	le cratère
die Krawatte	la cravate
die Kreation	la création
die Kreatur	la créature
der Kredit	le crédit
das Krematorium	le crématoire
der Kreml	le Krémlin
der Kreole,- in	le, la créole
krepieren	crever
der Krepp	la crêpe
die Kresse	le cresson
das Kreuz	la croix
das Kricket	le cricket
kriminell	criminel, criminelle
die Krise	la crise
der Kristall	le cristal, les cristaux

Der gemeinsame Wortschatz DEUTSCH-FRANZÖSISCH

kristallisieren	cristalliser
das Kriterium	le critère; le critérium
die Kritik	la critique
der Kritiker	le critique, le détracteur
kritisch	critique
kritisieren	critiquer
der Kroate, -in	le, la Croate
Kroatien	la Croatie [-si]
kroatisch	croate
das Krokodil	le crocodile
der Krokus	le crocus
die Krone	la couronne
krönen	couronner
die Krönung	le couronnement
Krösus	Crésus
der Krug	la cruche
die Kruppe	la croupe
die Kruste	la croûte
das Krustentier	le crustacé
das Kruzifix	le crucifix
die Krypta	la crypte
der Kubaner, -in	le Cubain, la Cubaine
der Kubikmeter	le mètre cube
kubisch	cubique
der Kubismus	le cubisme
der Kubus	le cube
der Kuckuck	le coucou
kulant	coulant, -e
der Kuli	le coolie
kulinarisch	culinaire
die Kulisse	la coulisse
der Kulminationspunkt	le point culminant
der Kult	le culte
kultivieren	cultiver
kultiviert	cultivé, cultivée
die Kultur	la culture
kulturell	culturel, culturelle
der Kultus	le culte
der Kümmel	le cumin; le Kummel (Schnaps)
der Kumpan	le copain, la copine
der Kumpel	le copain, la copine
das Kupfer	le cuivre
die Kuppel	la coupole
die Kupplung	le couplage, (Auto) l'embrayage
die Kur	la cure
die Kuratel	la curatelle
der Kürbis	la courge, la citrouille
die Kurie	la curie

Der gemeinsame Wortschatz *DEUTSCH-FRANZÖSISCH*

der Kurier	le courrier
kurios	curieux, curieuse
der Kurs	le cours
kursieren	courir, circuler
die Kurve	la courbe
kurz	court, courte
die Kusine	la cousine
die Küste	la côte
die Kybernetik	la cybernétique

L

das Labor	le labo, le laboratoire
der Laborant, -in	le laborantin, la laborantine
das Laboratorium	le laboratoire
das Labyrinth	le labyrinthe
der Lack	la/le laque
der Lackfirnis	le vernis
lackieren	laquer, vernir
die Lagune	la lagune
der Lakai	le laquais
lakonisch	laconique
das Lama	le lama
die Lamelle	la lamelle
lamentieren	se lamenter
das Lamento	les lamentations
die Lampe	la lampe
der Lampion	le lampion
lancieren	lancer
lang	long, longue
die Länge	la longueur, la longue, la longitude
die Languste	la langouste
die Lanze	la lance
die Lanzette	la lancette
lapidar	lapidaire
der Lappe	le Lapon
die Lappin	la Lapone
der Lappländer	le Lapon, la Lapone
lappländisch	lapon, lapone
der Lapsus	le lapsus
die Larve	la larve
lassen	laisser
der Laser	le laser
die Lasertherapie	la lasertherapie
das Lasso	le lasso
das Latein	le latin
der Lateiner	le latiniste

lateinisch	latin, latine
latent	latent, latente
die Laterne	la lanterne
die Latifundien	les latifundia
die Latrine	les latrines
die Latte	la latte
der Lattich	la laitue
die Laute	le luth
die Lava	la lave
der Lavendel	la lavande
legal	légal, légale
legalisieren	légaliser
die Legalität	la légalité
der Legat	le légat
legendär	légendaire
die Legende	la légende
die Legion	la légion
der Legionär	le légionnaire
die Legislative	(le pouvoir) législatif
die Legislaturperiode	la législature
legitim	légitime
die Legitimation	la légitimation
legitimieren	légitimer
die Leier	la lyre
der Lein	le lin
das Leinen	le lin
die Lektion	la leçon
der Lektor	le lecteur
die Lektüre	la lecture
der Leopard	le léopard
die Lepra	la lépre
die Lethargie	la léthargie
der Lette, die Lettin	le Letton, la Lettone
lettisch	letton, lettone
die Leukämie	la leucémie
der Leutnant	le sous-lieutenant, le lieutenant
die Lexik	le lexique
lexikalisch	lexical, lexicale
der Lexikograph/Lexikograf	le lexicographe
die Lexikographie/Lexikografie	la lexicographie
lexikographisch/lexikografisch	lexicographique
das Lexikon	le dictionnaire (encyclopédique)
die Liane	la liane
die Libelle	la libellule
liberal	libéral, libérale
liberalisieren	libéraliser
der Liberalismus	le libéralisme
das Libretto	le libretto, le livret

Der gemeinsame Wortschatz *DEUTSCH-FRANZÖSISCH*

der Libyer, -in	le Libyen, la Libyenne
liefern	livrer
die Lieferung	la livraison
der Lift	le lift, l'ascenseur
der Liftboy	le liftier
die Liga	la ligue
der Likör	la liqueur
lila	lilas
die Lilie	le lis/lys
der Liliputaner,-in	le Liliputien, Liliputienne
die Limonade	la limonade
die Limousine	la limousine
linear	linéaire
der Linguist	le linguiste
die Linguistik	la linguistique
die Linie	la ligne
das Linoleum	le linoléum
die Liquidation	la liquidation
liquidieren	liquider
die Liste	la liste
die Litanei	la litanie
der Litauer, -in	le Lituanien/Lithuanien, la Lituanienne/Lithuanienne
der Liter	le litre
literarisch	littéraire
der Literat	le littérateur, l'homme de lettres
die Literatur	la littérature
der Lithograph	le lithographe
die Lithographie	la lithographie
die Liturgie	la liturgie
liturgisch	liturgique
die Livree	la livrée
die Lizenz	la licence
der Loden	le loden
die Logarithmentafel	la table de logarithmes
der Logarithmus	le logarithme
die Loge	la loge
logieren	loger
die Logik	la logique
das Logis	le logis, le logement
logisch	logique
das Lokal (*Gaststätte*)	le local *(pièce, partie d'un bâtiment)*
lokalisieren	localiser
die Lokalität	la localité
die Lokomotive	la locomotive
der Londoner, -in	le Londonien, la Londonienne
der Lorbeer	le laurier
das Los	le lot
der Lothringer, -in	le Lorrain, la Lorraine

Der gemeinsame Wortschatz DEUTSCH-FRANZÖSISCH

lothringisch	lorrain, lorraine
der Lotos	le lotus
die Lotterie	la loterie
das Lotto	le jeu de loto
loyal	loyal, loyale
der Luchs	le lynx
die Luke	la lucarne
lukrativ	lucratif, lucrative
die Lupe	la loupe
die Lupine	la loupine
der Lutheraner, -in	le luthérien, la luthérienne
lutheranisch	luthérien, luthérienne
der Luxemburger, -in	le Luxembourgeois, la Luxembourgeoise
luxemburgisch	luxembourgeois, luxembourgeoise
luxuriös	luxueux, luxueuse
der Luxus	le luxe
der Luxusartikel	l'article de luxe
das Luxushotel	l'hôtel de luxe
die Luzerne	la lucerne
Luzifer	Lucifer
die Lymphdrüse	la glande lymphatique
die Lymphe	la lymphe
lynchen	lyncher
die Lyra	la lyre
die Lyrik	la poésie lyrique
der Lyriker	le poète lyrique
lyrisch	lyrique
das Lyzeum	le lycée

M

die Madonna	la Madone
das Magazin	le magasin (einer Waffe etc.), le magazine (Zeitschrift)
mager	maigre
die Magie	la magie
der Magier, -in	le mage, le magicien, la magicienne
magisch	magique
die Magnesia	la magnésie
das Magnesium	le magnésium
magnetisch	magnétique
magnetisieren	magnétiser (Personen)
der Magnetismus	le magnétisme
das Magnetophon	le magnétophone
die Magnolie	le magnolia
der Mai	mai, le mois de mai
der Mais	le maïs

Der gemeinsame Wortschatz DEUTSCH-FRANZÖSISCH

die Majestät	la majesté
majestätisch	majestueux, majestueuse; majestueusement
die Majolika	la majolique/maïolique
der Majoran	la majorlaine
die Majorität	la majorité
die Majuskel	la (lettre) majuscule
makaber	macabre
die Makkaroni	les macaroni(s)
die Makrele	le maquereau
die Makrone	le macaron
die Makulatur	la maculature
der Malaie, die Malaiin	le Malais, la Malaise
malaiisch	malais, malaise
die Malaria	la malaria, le paludisme
der Malteser, -in	le Maltais, la Maltaise
die Malve	la mauve
das Malz	le malt
die Mama	la maman
das Mammut	le mammouth
der Manager	le manager
der Mandant, -in	le mandant, la mandante
die Mandarine	la mandarine
das Mandat	le mandat
die Mandoline	la mandoline
die Manege	le manège
das Mangan	le manganèse
die Manie	la manie
die Manier	la manière
manieriert	maniéré, maniérée
das Manifest	le manifeste
manifestieren	manifester
die Maniküre	la manucure
manikuren	manucurer
die Manipulation	la manipulation
manipulieren	manipuler
das Manko	le manque
das Mannequin	le mannequin
das Manometer	le manomètre
das Manöver	la manœuvre
manövrieren	manœuvrer
die Mansarde	la mansarde
die Manschette	la manchette
der Mantel	le manteau (d'un homme ou d'une femme)
manuell	manuel, manuelle; manuellement
die Manufaktur	la manufacture
das Manuskript	le manuscrit
der Marathonlauf	le marathon
die Margarine	la margarine

Der gemeinsame Wortschatz *DEUTSCH-FRANZÖSISCH*

die Margerite	la marguerite
die Marine	la marine
marineblau	bleu marine
marinieren	mariner
die Marionette	la marionnette
Marionettentheater	théâtre de marionnettes
die Marke	la marque
der Markenartikel	l'article de marque
der Markgraf, die Markgräfin	le margrave, la margrave, la margravine
markieren	marquer
die Markierung	le marquage
die Markise	la marquise, le store solaire
die Marmelade	la marmelade
der Marmor	le marbre
marmorieren	marbrer
der Marokkaner, -in	le Marocain, la Marocaine
marokkanisch	marocain, marocaine
Marokko	le Maroc
die Marotte	la marotte
der Marquis, -e	le marquis, la marquise
der Mars	Mars
der Marsch	la marche
der Marschall	le maréchal
marschieren	marcher
die Marter	le martyre
martern	martyriser
der Märtyrer	le martyre
der Marxismus	le marxisme
der Marxist	le marxiste
marxistisch	marxiste
der März	mars, le mois de mars
die Maschine	la machine
die Maschinerie	la machinerie
der Maschinist	le machiniste
die Maske	le masque
der Maskenball	le bal masqué
die Maskerade	la mascarade
maskieren	masquer
das Maskottchen	la mascotte
die Massage	le massage
massakrieren	massacrer
die Masse	la masse
der Masseur, die Masseuse	le masseur, la masseuse
massieren	masser
massig	en masse
massiv	massif, massive
der Mast	le mât
der Matador	le matador

Der gemeinsame Wortschatz *DEUTSCH-FRANZÖSISCH*

die Mater	la matrice
das Material	le matériau, la matière, le matériel
der Materialismus	le matérialisme
der Materialist	le matérialiste
materialistisch	matérialiste
die Materie	la matière
materiell	matériel, matérielle; matériellement
die Mathematik	les mathématiques
der Mathematiker, -in	le mathématicien, la mathématicienne
mathemathisch	mathématique
die Mätresse	la maîtresse
die Matrikel	la matricule
die Matrize	la matrice
matt	mat [mat], mate
der Maure	le Maure, le More
die Maurin	la Mauresque, la Moresque
maurisch	maure, more, mauresque, moresque
das Mausoleum	le mausolée
maximal	maximal, -e; au maximum
die Maxime	la maxime
das Maximum	le maximum
die Mayonnaise	la mayonnaise
der Mäzen	le mécène
die Mechanik	la mécanique
der Mechaniker	le mécanicien, le mécano
mechanisch	mécanique
mechanisieren	mécaniser
die Mechanisierung	la mécanisation
der Mechanismus	le mécanisme
die Medaille	la médaille
das Medaillon	le médaillon
das Medikament	le médicament
das Medium	le médium
die Medizin	la médecine
der Mediziner, -in	le médecin, la femme médecin
medizinisch	médical, -e; médicalement
das Meer	la mer
das Megaphon/Megafon	le mégaphone
das Megahertz	le mégahertz
die Meile	le mille
der Meister	le maître
die Melancholie	la mélancolie
melancholisch	mélancolique ; mélancoliquement
die Melasse	la mélasse
die Melisse	la mélisse
die Melodie	la mélodie
melodiös	mélodieux, mélodieuse
melodisch	mélodieux, mélodieuse

Der gemeinsame Wortschatz DEUTSCH-FRANZÖSISCH

das Melodrama	le mélodrame
die Melone	le mélon
die Membrane	la membrane
die Memoiren	les mémoires (m.)
das Memorandum	le mémorandum
die Menagerie	la ménagerie
der Meniskus	le ménisque
die Menstruation	la menstruation
die Mensur	la mesure (escrime)
die Mentalität	la mentalité
das Menthol	le menthol
das Menü	le menu
das Menuett	le ménuet
der Meridian	le méridien
die Messe	la (sainte) messe
messen	mesurer
der Messias	le Messie
der Mestize, -in	le métis, la métisse
das Metall	le métal
metallisch	métallique
die Metallurgie	la métallurgie
die Metamorphose	la métamorphose
die Metapher	la métaphore
die Metaphysik	la métaphysique
metaphysisch	métaphysique
die Metastase	la métastase
der Meteor	le météore
der Meteorit	le météorite
der Meteorologe	le météorologue
die Meteorologie	la météorologie
meteorologisch	météorologique
der Meter	le mètre
das Meter, das Metermaß	le mètre
die Methode	la méthode
die Methodik	la méthodologie
methodisch	méthodique ; méthodiquement
der Methylalkohol	l'alcool méthylique
die Metrik	la métrique
metrisch	métrique
die Metropole	la métropole
die Meute	la meute
der Mexikaner, -in	le Mexicain, la Mexicaine
mexikanisch	mexicain, mexicaine
die Miene	la mine
die Migräne	la migraine
die Mikrobe	le microbe
die Mikrobiologie	la microbiologie
der Mikrofilm	le microfilm

Der gemeinsame Wortschatz *DEUTSCH-FRANZÖSISCH*

das Mikrophon/Mikrofon	le microphone
der Mikroorganismus	le microorganisme
das Mikroskop	le microscope
mikroskopisch	microscopique
das Milieu	le milieu
das Militär	le service militaire, l'armée
die Militärdiktatur	la dictature militaire
militärisch	militaire
der Militarismus	le militarisme
militaristisch	militariste
die Militärmusik	la musique militaire
die Miliz	la milice
der Milliardär, -in	le, la milliardaire
die Milliarde	le milliard
das Milligramm	le milligramme
der Millimeter	le millimètre
die Million	le million
der Millionär, -in	le, la millionnaire
der Mime	le mime
die Mimik	la mimique
mimisch	mimique
die Mimose	le mimosa
das Minarett	le minaret
die Mine	la mine
das Mineral	le minéral, les minéraux
mineralisch	minéral, minérale
der Mineraloge	le minéralogiste
die Miniatur	la miniature
der Miniaturmaler	le miniaturiste
das Minigolf	le golf miniature
minimal	minime, minimal, -e
das Minimum	le minimum
der Minirock	la minijupe
der Minister	le ministre
ministeriell	ministériel, ministérielle
das Ministerium	le ministère
die Minorität	la minorité
die Minute	la minute
die Minze	la menthe
die Mirabelle	la mirabelle
miserabel	misérable
die Mission	la mission
der Missionar	le missionnaire
der Mistral	le mistral
das Möbel	le meuble
mobil	mobile
mobil machen	mobiliser
das Mobiliar	le mobilier

mobilisieren	mobiliser
die Mobilmachung	la mobilisation
möblieren	meubler
die Möblierung	l'ameublement
die Mode	la mode
das Modell	le modèle
modellieren	modeler
modern	moderne
modernisieren	moderniser
die Modernisierung	la modernisation
modisch	à la mode
die Modistin	la modiste
der Modus	le mode
der Mohammedaner, -in	le musulman, la musulmane
mohammedanisch	musulman
mokieren	se moquer de
der Mokka	le (café) moka
die Mole	le môle
das Molekül	la molécule
molekular	moléculaire
die Molluske	le mollusque
der Moment	le moment
momentan	momentané, momentanée; momentanément
der Monarch, -in	le monarque
die Monarchie	la monarchie
monarchisch	monarchique
der Mongole, -in	le Mongol, la Mongole
mongolisch	mongol, mongole
der Mongolismus	le mongolisme, la trisomie 21
mongoloid	mongoloïde
die Monogamie	la monogamie
das Monogramm	le monogramme
das Monokel	le monocle
der Monolog	le monologue
das Monopol	le monopole
monopolisieren	monopoliser
monoton	monotone
das Monstrum	le monstre
der Monsun	la mousson
die Montage	le montage
der Monteur	le monteur
montieren	monter qc
das Monument	le monument
monumental	monumental, monumentale
die Moral	la morale, la moralité, le moral
moralisch	moral, morale
moralisieren	moraliser
der Moralist	le moraliste

Der gemeinsame Wortschatz *DEUTSCH-FRANZÖSISCH*

die Moräne	la moraine
der Mord	le meurtre
der Mörder, -in	le meurtrier, la meurtrière
der Morphinist, -in	le, la morphinomane
das Morphium	la morphine
das Morsealphabet	l'alphabet morse
der Mörser	le mortier
das Mosaik	la mosaïque
die Moschee	la mosquée
der Moschus	le musc
Moskau	Moscou
der Moskauer, -in	le, la Moscovite
der Moskito	la moustique
der Moslem, der Muslime	le musulman, la musulmane
der Most	le moût
das Motel	le motel
die Motette	le motet
das Motiv	le motif, le mobile
motivieren	motiver
der Motor	le moteur
motorisieren	motoriser
die Motorisierung	la motorisation
die Motorpumpe	la motopompe
der Mulatte, -in	le mulâtre, la mulâtresse
der Multiplikand	le multiplicande
die Multiplikation	la multiplication
der Multiplikator	le multiplicateur
multiplizieren	multiplier
die Mumie	la momie
mumifizieren	momifier
die Munition	la munition
murmeln, murren	murmurer
die Muse	la muse
der Muselman, die Muselmanin	le musulman, la musulmane
das Museum	le musée
die Musik	la musique
musikalisch	musical, musicale; musicien, -ne
der Musikant	le musicien, la musicienne
der Musiker, -in	le musicien, la musicienne
das Musikinstrument	l'instrument de musique
musizieren	faire de la musique
der Muskat	la muscade
der Muskateller	le muscat (Wein)
der Muskel	le muscle
der Musketier	le mousquetaire
die Muskulatur	la musculature
muskulös	musculeux, musculeuse
die Myrr(h)e	la myrrhe

die Myrte	le myrte
mysteriös	mystérieux, mystérieuse
das Mysterium	le mystère
die Mystifikation	la mystification
mystifizieren	mystifier
die Mystik	la mystique
der Mystiker	le mystique
mystisch	mystique
die Mythe	le mythe
mythisch	mythique
die Mythologie	la mythologie
der Mythos	le mythe

N

der Nabob	le nabab
naiv	naïf, naïve; naïvement
die Naivität	la naïveté
der Name	le nom
die Napalmbombe	la bombe au napalm
das Naphtalin	la naphtaline
die Narkose	la narcose
das Narkotikum	le narcotique
narkotisch	narcotique
der Narziss	un narcisse
die Narzisse	le narcisse
narzisstisch	narcissique
nasal	nasal, nasale
nasalieren	nasaliser
die Nasalierung	la nasalisation
der Nasallaut	la nasale
die Nase	le nez
näseln	nasiller
die Nation	la nation
national	national, nationale
die Nationalhymne	l'hymne national
der Nationalismus	le nationalisme
der Nationalist, -in	le, la nationaliste
nationalistisch	nationaliste
die Nationalität	la nationalité
die Nationalmannschaft	l'équipe nationale
der Nationalpark	le parc national
der Nationalsozialist, -in	le national-socialiste, le nazi
die Natur	la nature
naturalisieren	naturaliser
der Naturalismus	le naturalisme
naturalistisch	naturaliste

Der gemeinsame Wortschatz *DEUTSCH-FRANZÖSISCH*

das Naturell	le naturel
der Naturforscher	le naturaliste
natürlich	naturel, -le; naturellement
die Natürlichkeit	le naturel
die Nautik	l'art nautique
nautisch	nautique
die Navigation	la navigation
der Navigationsoffizier	le navigateur, l'officier de route
der Neffe	le neveu
negativ	négatif, négative
der Neger, -in	le nègre, la négresse
der Nektar	le nectar
der Neologismus	le néologisme
das Neon	le néon
der Nerv	le nerf
nervös	nerveux, nerveuse, énervé, -e
die Nervosität	la nervosité
netto	net
neu	neuf, neuve; nouveau
neun	neuf
die Neuralgie	la névralgie
neuralgisch	névralgique
die Neurasthenie	la neurasthénie
neurasthenisch	neurasthénique
der Neurologe	le neurologue
die Neurose	la névrose
der Neurotiker	le névrosé, le névrotique
neurotisch	névrosé, névrotique
Neuseeland	la Nouvelle-Zélande
der Neuseeländer, -in	le Néo-Zélandais, la Néo-Zélandaise
neuseeländisch	néo-zélandais, néo-zélandaise
neutral	neutre
neutralisieren	neutraliser
die Neutralität	la neutralité
das Neutron	le neutron
die Neutronenbombe	la bombe à neutrons
das Neutrum	le neutre
die Nichte	la nièce
der Nickel	le nickel
der Nihilismus	le nihilisme
der Nihilist	le nihiliste
nihilistisch	nihiliste
das Nikotin	la nicotine
der Nimbus	le nimbe
die Nische	la niche
nisten	nicher, faire son nid
das Nitrat	le nitrate
das Nitroglyzerin	la nitroglycérine

Der gemeinsame Wortschatz DEUTSCH-FRANZÖSISCH

nivellieren	niveler
nobel	noble, généreux
der Nobelpreis	le prix Nobel
der Nomade	le, la nomade
nominal	nominal, nominale
der Nominativ	le nominatif
nominell	nominal, nominale
nominieren	nommer
die Nonne	la nonne, la religieuse, la moniale
der Norden	le nord
nordamerikanisch	nord-américain, nord-américaine
nordisch	nordique
die Norm	la norme
normal	normal, normale
normalerweise	normalement
normalisieren	normaliser
die Normalisierung	la normalisation
der Normanne, -in	le Normand, la Normande
normannisch	normand, normande
normen	normaliser, standardiser
die Normung	la normalisation, la standardisation
der Norweger, -in	le Norvégien, la Norvégienne
norwegisch	norvégien, norvégienne
der Notar	le notaire
das Notariat	le notariat
notariell	notarial, notariale ; notarié, notariée
die Note	la note
notieren	noter
die Notierung	la notation
die Notiz	la note, la notice
notorisch	notoire
der/das Nougat	le nougat
die Novelle	la nouvelle
der November	novembre, le mois de novembre
der Novize	le, la novice
die Nudeln, eine Nudel	les nouilles, les pâtes
der Nudist	le nudiste
der/das Nugat	le nougat
nuklear	nucléaire
null und nichtig	nul et non avenu
numerisch	numérique
die Nummer	le numéro
numerieren/nummerieren	numéroter
die Numerierung/-mm-	la numération, le numérotage, la numérotation
die Numismatik	la numismatique
der Numismatiker	le numismate
numismatisch	numismatique
die Nummer	le numéro

Der gemeinsame Wortschatz *DEUTSCH-FRANZÖSISCH*

die Nuntiatur	la nonciature
der Nuntius	le nonce
die Nuss	la noix, la noisette
das Nylon	le nylon
die Nymphe	la nymphe

O

die Oase	l'oasis
der Obelisk	l'obélisque
das Objekt	l'objet
objektiv	objectif, objective
das Objektiv	l'objectif
objektivieren	objectiver
die Objektivität	l'objectivité
die Obligation	l'obligation
obligatorisch	obligatoire
die Oboe	le hautbois
das Observatorium	l'observatoire
obszön	obscène
die Obszönität	l'obscénité
der Obus	le bus
der Ocker	l'ocre, une -
die Ode	l'ode
offensiv	offensif, offensive
die Offensive	l'offensive
offerieren	offrir
die Offerte	l'offre
offiziell	officiel, officielle
der Offizier	l'officier
offiziös	officieux, officieuse
öffnen	ouvrir
die Öffnung	l'ouverture
oh!	oh!
das Ohm	l'ohm, un -
oho!	oh! ho! holà!
okkult	occulte
der Okkultismus	l'occultisme
ökologisch	écologique
der Ökonom	l'économe
die Ökonomie	l'économie
ökonomisch	économique
das Oktaeder	l'octaèdre, un -
die Oktanzahl	l'indice d'octane
das Oktav	l'octave, une -
der Oktober	octobre, le mois d'octobre
das Okular	l'oculaire, un -

Der gemeinsame Wortschatz DEUTSCH-FRANZÖSISCH

ökumenisch	œcuménique
der Okzident	l'occident
die Olive	l'olive
olivengrün	olive, olivâtre
der Olymp	l'Olympe
die Olympiade	l'olympiade
olympisch	olympien, olympienne
das Omlett	l'omelette, une -
der Omnibus	l'omnibus, le bus, le car
die Onanie	l'onanisme, un -
der Onanist	l'onaniste
die Ondulation	l'ondulation
ondulieren	onduler
der Onkel	l'oncle
der Opal	l'opale, une -
die Oper	l'opéra, un -
der Operateur	l'opérateur, l'opératrice
die Operation	l'opération
operativ	opératif, opérative ; opératoire ; opérationnel, opérationnelle
der Operator	l'opérateur, l'opératrice
die Operette	l'opérette
operieren	opérer
das Opfer	l'offrande ; la victime
die Opfergabe	l'offrande
das Opium	l'opium (m.)
der Opponent	l'opposant, l'opposante
opponieren	s'opposer, faire de l'opposition
opportun	opportun, opportune
der Opportunismus	l'opportunisme
der Opportunist	l'opportuniste
opportunistisch	opportuniste
die Opportunität	l'opportunité
die Opposition	l'opposition
der Optant	l'optant
optieren	opter
die Optik	l'optique
der Optiker	l'opticien, l'opticienne
optimal	optimal, optimale, optimaux
optimieren	optimiser
der Optimismus	l'optimisme
der Optimist, -in	l'optimiste
optimistisch	optimiste
die Option	l'option
optisch	optique
das Opus	l'opus, l'œuvre
das Orakel	l'oracle, un -
die Orange	l'orange

Der gemeinsame Wortschatz *DEUTSCH-FRANZÖSISCH*

die Orangeade	l'orangeade
der Orang-Utan	l'orang-outan
das Oratorium	l'oratoire, l'oratorio
das Orchester	l'orchestre, un -
orchestrieren	orchestrer
die Orchidee	l'orchidée [-ki-]
ordentlich	en ordre, ordonné, ordonnée
die Order	l'ordre, un -
ordinär *(vulgaire)*	ordinaire *(habituel)*
die Ordinate	l'ordonnée
ordnen	mettre en ordre, ordonner
der Ordner	l'ordonnateur (style littéraire)
die Ordnung	l'ordre, un -
die Ordonnanz	l'ordonnance
das Organ	l'organe, un -
die Organisation	l'organisation
der Organisator	l'organisateur, -trice
organisch	organique
organisieren	organiser
der Organismus	l'organisme
der Organist	l'organiste
der Orgasmus	l'orgasme
die Orgel	l'orgue, un -/les grandes orgues
der Orgelspieler	l'organiste
die Orgie	l'orgie
der Orient	l'Orient
der Orientale, -in	l'Oriental, l'Orientale
orientalisch	oriental, orientale
orientieren	orienter
die Orientierung	l'orientation
das Original	l'original, un -
die Originalität	l'originalité
originell	original, originale
der Orkan	l'ouragan
das Ornament	l'ornement, un -
ornamental	ornemental, -e
der Ornithologe	l'ornithologue
orthodox	orthodoxe
die Orthographie/Orthografie	l'orthographe
orthographisch	orthographique
der Orthopäde	l'orthopédiste
die Orthopädie	l'orthopédie
orthopädisch	orthopédique
ostentativ	ostentatoire; avec ostentation
die Ostgoten	les Ostrogoths
die Ouvertüre	l'ouverture
oval	ovale
die Ovation	l'ovation

Der gemeinsame Wortschatz DEUTSCH-FRANZÖSISCH

das Oxid, das Oxyd	l'oxyde (m.)
die Oxydation	l'oxydation
oxydieren	(s')oxyder
der Ozean	l'océan
ozeanisch	océanique; océanien, océanienne
der Ozelot	l'ocelot
der/das Ozon	l'ozone (m.)
ozonhaltig	ozoné, ozonée
ozonisieren	ozoner

P

das Paar	la paire
der Pack	le paquet
das Päckchen	le petit paquet
packen	empaqueter, emballer
der Pädagoge	le pédagogue
die Pädagogik	la pédagogie
pädagogisch	pédagogique
der Page	le page
paginieren	paginer
die Pagode	la pagode
das Paket	le paquet
der Pakistaner, -in	le Pakistanais, la Pakistanaise
pakistanisch	pakistanais, pakistanaise
der Pakt	le pacte
paktisieren	pactiser
der Palast	le palais
das Palaver	la palabre/les palabres
die Palette	la palette
die Palissade	la palissade
die Palme	la palme, le palmier
die Pampelmuse	le pamplemousse
das Pamphlet	le pamphlet
der Pamphletist	le pamphlétaire
das Paneel	le panneau
panieren	paner
das Paniermehl	la panure
die Panik	la panique
panisch	panique
die Panne	la panne
die Paparazzi	les paparazzi
das Panorama	le panorama
der Panter, der Panther	la panthère
der Pantoffel	la pantoufle
die Pantomime	la pantomime
pantomimisch	pantomimique

Der gemeinsame Wortschatz DEUTSCH-FRANZÖSISCH

der Papa	le papa
das Papier	le papier
die Pappel	le peuplier
der Paprika	le paprika
der Papst	le pape
päpstisch	papal, papale, papaux
die Parabel	la parabole
parabolisch	parabolique
die Parade	la parade
paradieren	parader, faire parade de qqch.
das Paradies	le paradis
paradiesisch	paradisiaque
das Paradox	le paradoxe
paradox	paradoxal, -e, -aux
das Paraffin	la paraffine
der Paragraph/Paragraf	le paragraphe
parallel	parallèle
die Parallele	le parallèle
das Parallelogramm	le parallélogramme
die Paralysie	la paralysie
paralysieren	paralyser
paralytisch	paralytique
paraphieren	parafer/parapher
der Parasit	le parasite
parasitisch	parasite
parat	prêt
der Pardon	le pardon
das Parfüm	le parfum
die Parfümerie	la parfumerie
parfümieren	parfumer
das Pari	le pair
parieren	parer
der Pariser, -in	le Parisien, la Parisienne
die Parität	la parité
paritätisch	paritaire
der Park	le parc
parken	parquer, se garer
das Parken	le parcage
das Parkett	le parquet
das Parkhaus	le parking à étages
der Parkplatz	le parking
die Parkuhr	le parcmètre
das Parlament	le parlement
der Parlamentarier	le parlementaire
parlamentarisch	parlementaire
der Parmesankäse	le parmesan
die Parodie	la parodie
parodieren	parodier

Der gemeinsame Wortschatz *DEUTSCH-FRANZÖSISCH*

die Parodontose	la paradontose/parodontose/paradentose
die Partei	le parti, la fraction
parteiisch	partial, partiale, partiaux
die Parteilichkeit	la partialité
das Parterre	le parterre, le rez-de-chaussée
die Partie	la partie, le parti (Heirat)
die Partikel	la particule
der Partikularismus	le particularisme
partikularistisch	particulariste
der Partisan	le partisan, la partisane
die Partitur	la partition
das Partizip	le participe
der Partner, -in	le, la partenaire
die Parzelle	la parcelle
parzellieren	parcelliser
der Pass	le passeport ; la passe ; le passage, le col
der Passagier	le passager, la passagère
der Passant, -in	le passant, la passante ; le piéton, la piétonne ; le badaud
passen (Kartenspiel)	passer
passieren	passer
die Passion	la passion
passioniert	passionné, passionnée
passiv	passif, passive
die Passiva	le passif
die Passivität	la passivité
die Paste	la pâte
das Pastell	le pastel
der Pastellmaler	le pastelliste
die Pastellmalerei	la peinture au pastel
der Pastellstift	le pastel
die Pastete	le pâté
pasteurisieren	pasteuriser
der Pastor	le pasteur
der Pate	le parrain
das Patent	la patente, le brevet d'invention
der Pater	le père
das Paternoster	le Pater, le Notre Père
pathetisch	pathétique
der Pathologe	le pathologiste
die Pathologie	la pathologie
pathologisch	pathologique
der Pathos	le pathos, le pathétique
pathetisch *(voller Pathos)*	pathétique *(émouvant)*
die Patience	la patience
der Patient, -in	le patient, la patiente
die Patina	la patine
der Patriarch	le patriarche

Der gemeinsame Wortschatz DEUTSCH-FRANZÖSISCH

patriarchisch	patriarcal, patriarcale, patriarcaux
der Patriot, -in	le, la patriote
patriotisch	patriotique
der Patriotismus	le patriotisme
der Patrizier, in	le patricien, la patricienne
der Patron	le patron
das Patronat	le patronat, le patronage
die Patrouille	la patrouille
patrouillieren	patrouiller
die Pause	la pause
pausieren	faire une pause
der *Pavillon*	le pavillon
der Pazifismus	le pacifisme
der Pazifist	le pacifiste
pazifistisch	pacifique
das Pedal	la pédale
der Pedant *(kleinlicher Mensch)*	le pédant *(qui fait étalage d'une érudition affectée)*
die Pedanterie *(Kleinlichkeit)*	la pédanterie *(affectation prétentieuse de savoir)*
pedantisch *(übertrieben genau)*	pédant, pédante ; pédantesque *(propre au pédant)*
die Pediküre	la pédicure
die Pein	la peine
peinlich	pénible, gênant
die Pelerine	la pèlerine
der Pelikan	le pélican
die Pelle	la pelure
pellen	peler
das Pendel	le pendule
die Pendeluhr	la pendule
penibel *(sehr genau)*	pénible *(difficile à supporter)*
der Penis	le pénis
das Penizillin	la pénicilline
die Pension	la pension
der Pensionär, -in	le, la pensionnaire
das Pensionat	le pensionnat
pensionieren	pensionner
das Pensum	le pensum, le devoir, la tâche
perfekt	parfait, parfaite
perforieren	perforer
die Periode	la période
periodisch	périodique
die Peripherie	la périphérie
das Periskop	le périscope
die Perle	la perle
perlen	perler
perlengrau	gris perle
permanent	permanent, permanente
die Permanenz	la permanence
perplex	perplexe

Der gemeinsame Wortschatz *DEUTSCH-FRANZÖSISCH*

der Perser, -in	le Persan, la Persane, le, la Perse (alt)
der Persertepich	le tapis de Perse
persisch	persan, persane ; perse
die Person	la personne; le personnage; la personnalité
das Personal	le personnel
personifizieren	personnifier
die Personifizierung	la personnification
persönlich	personnel, personnelle; en personne
die Persönlichkeit	la personnalité
die Perspektive	la perspective
perspektivisch	perspectif, perspective ; en perspective
der Peruaner, -in	le Péruvien, la Péruvienne
peruanisch	du Pérou ; péruvien, péruvienne
die Perücke	la perruque
pervers	pervers, perverse
die Perversion	la perversion
die Perversität	la perversité
der Pessimismus	le pessimisme
der Pessimist, -in	le, la pessimiste
pessimistisch	pessimiste
die Pest	la peste
die Petersilie	le persil
die Petition	la pétition
das Petroleum	le pétrole
petroleumhaltig	pétrolifère
die Petroleumlampe	la lampe à pétrole
die Petunie	le pétunia
der Pfau	le paon
der Pfeffer	le poivre
die Pfeife	la pipe
der Pfeiler	le pilier
der Pfennig	le pfennig
der Pfirsich	la pêche
die Pflanze	la plante
pflanzen	planter
der Pflanzer, -in	le planteur, la planteuse
die Pflanzung	la plantation
die Pforte	la porte
die Pfote	la patte
pfui!	fi (donc)!
das Phänomen	le phénomène
die Phantasie	la fantaisie
phantastisch	fantastique
das Phantom	le fantôme
der Pharisäer	le pharisien, la pharisienne
pharisäisch	pharisaïque
der Pharmazeut, -in	le pharmacien, la pharmacienne
die Pharmazeutik	la pharmacie, la pharmaceutique

Der gemeinsame Wortschatz *DEUTSCH-FRANZÖSISCH*

pharmazeutisch	pharmaceutique
die Phase	la phase
der Philanthrop	le philanthrope
die Philatelie	la philatélie
der Philatelist, -in	le, la philatéliste
philharmonisch	philharmonique
der Philister	le philistin
der Philologe	le philologue
die Philologie	la philologie
philologisch	philologique
der Philosoph	le, la philosophe
die Philosophie	la philosophie
philosophisch	philosophique
das Phlegma	le flegme
phlegmatisch	flegmatique
die Phonetik	la phonétique
phonetisch	phonétique
das Phosphat	le phosphate
phosphathaltig	phosphaté
der Phosphor	le phosphore
phosphoreszieren	être phosphorescent
das Photo/Foto	la photo
die Phrase	la phrase
die Physik	la physique
physikalisch	physique
der Physiker	le physicien
die Physiognomie	la physionomie
der Physiologe	le physiologiste
die Physiologie	la physiologie
physiologisch	physiologique
physisch	physique
der Pianist, -in	le, la pianiste
das Piano	le piano
das Pianoforte	le piano-forte
picheln	picoler
die Picke	le pic
picken	picoter
das Picknick	le pique-nique
picknicken	pique-niquer
pieken	piquer
piepen	pépier
die Pietät	la piété
der Pietismus	le piétisme
der Pietist, -in	le, la piétiste
das Pigment	le pigment
der Pik	le pic (Berg), la pique (Groll), le pique (Kartenspiel)
pikant	piquant, piquante
die Pike	la pique

Der gemeinsame Wortschatz DEUTSCH-FRANZÖSISCH

der Pikee	le piqué
das Pikkolo/die Pikkoloflöte	le piccolo
der Pilger, -in	le pèlerin, la pèlerine
die Pilgerfahrt	le pèlerinage
pilgern	faire un pèlerinage
die Pille	la pilule
der Pilot	le pilote
das Pingpong	le ping-pong (cf pongiste)
der Pinguin	le pingouin
die Pinie	le pin
der Pinsel	le pinceau
die Pinzette	la pincette, les pincettes
der Pionier	le pionnier, la pionnière
der Pirat	le pirate
die Pisse	la pisse, le pissat
pissen	pisser
die Pistazie	la pistache
die Piste	la piste
die Pistole	le pistolet
pittoresk	pittoresque
plädieren	plaider
das Plädoyer	le plaidoyer
das Plagiat	le plagiat
die Plakette	la plaquette
der Plan	le plan
planen	planifier
der Planet	la planète
planetarisch	planétaire
das Planetarium	le planétarium
planieren	aplanir, planer
die Planke	la planche
die Plantage	la plantation
die Planung	la planification/le planning
die Plastik	(l'art) plastique
das Plastik	la matière plastique/le plastique
plastisch	plastique
die Platane	le platane
das Platin	la platine
platonisch	platonique
platt	plat, plate
die Platte	la plaque, le plat
die Plattform	la plate-forme, la plateforme
der Platz	la place
plausibel	plausible
der Plebejer, -in	le plébéien, la plébéienne
plebejisch	plébéien, plébéienne
das Plebiszit	le plébiscite
das Plenum	l'assemblée plénière, le plénum, le plenum

Der gemeinsame Wortschatz *DEUTSCH-FRANZÖSISCH*

das Plissée	le plissé
plissiert	plissé, plissée
die Plombe	le plombage, le plomb
plombieren	plomber
der Plural	le pluriel
plus	plus
der Plüsch	la peluche
das Plusquamperfekt	le plus-que-parfait
die Pneumatik	la pneumatique
der Pöbel	la plèbe, la populace
die Poesie	la poésie
der Poet	le poète
die Poetik	la poétique
die Poetin	la poétesse
poetisch	poétique
das Poker	le poker
pokern	jouer au poker
der Pol	le pôle
polar	polaire
polarisieren	polariser
die Polarität	la polarité
der Pole, die Polin	le Polonais, la Polonaise
die Polemik	la polémique
der Polemiker	le polémiste
polemisch	polémique
polemisieren	polémiquer
die Police	la police (d'assurance)
polieren	polir
die Poliklinik	la policlinique
die Politik	la politique
der Politiker, -in	le politicien, la politicienne/ l'homme (la femme) politique/le politique
politisch	politique
politisieren	parler (discuter) politique
die Politur	le poli, le vernis
die Polizei	la police
der Polizist	le policier, l'agent de police
die Polka	la polka
der Pollen	le pollen
polnisch	polonais, polonaise
das Polo	le polo
das Polyeder	le polyèdre
die Polygamie	la polygamie
der Polyp	le polype
polyphon	polyphonique
die Polyphonie	la polyphonie
der Polytechniker	le polytechnicien, la polytechnicienne
das Polytechnikum	l'école polytechnique

Der gemeinsame Wortschatz *DEUTSCH-FRANZÖSISCH*

die Pomade	la pommade
der Pomp	la pompe
pompös	pompeux, pompeuse
der Ponton	le ponton
das Pony	le poney
der Pope	le pope
der Popelin	la popeline
populär	populaire
popularisieren	populariser
die Popularität	la popularité
die Pore	le pore
porös	poreux, poreuse
die Pornographie/-f-	la pornographie
pornographisch/-f-	pornographique
der Porree	le poireau
das Portal	le portail
der Portier	le portier
die Portion	la portion
das Porto	le port
das Porträt	le portrait
porträtieren	faire le portrait de
der Portraitmaler	le portraitiste
der Portugiese, -in	le Portugais, la Portugaise
portugiesisch	portugais
der Portwein	le vin de Porto
das Porzellan	la porcelaine
die Pose	la pose
posieren	poser, prendre une pose
die Position	la position, le poste
positiv	positif, positive
der Positivismus	le positivisme
die Positur	la posture
possessiv	possessif, possessive
das Possessivpronomen	le pronom possessif
die Post	la poste
postalisch	postal, postale
der Posten	le poste
der (das) Poster	le poster
posthum/postum	posthume
postieren	se poster
der Postillion	le postillon
die Postkarte	la carte postale
postoperativ	postopératoire
das Postskriptum	le post-scriptum
postum/posthum	posthume
das Potential	le potentiel
potentiell	potentiel, potentielle ; potentiellement
das Potpourri	le pot-pourri

Der gemeinsame Wortschatz *DEUTSCH-FRANZÖSISCH*

die Pottasche	la potasse
die Präambel	le préambule
die Präfektur	la préfecture
das Präfix	le préfixe
prähistorisch	préhistorique
praktisch	pratique
praktizieren	pratiquer
der Prälat	le prélat
das Präparat	la préparation
preparieren	préparer
die Präposition	la préposition
präpositional	prépositionnel, prépositionnelle ; prépositif, prépositive
das Präsens	le présent
präsentieren	présenter
die Präsenz	la présence
das Präservativ	le préservatif
der Präsident, -in	le président, la présidente
präsidieren	présider
das Präsidium	la présidence
präventiv	préventif, préventive
der Präzedenzfall	le précédent
präzis, präzise	précis, précise
präzisieren	préciser
die Präzision	la précision
prekär	précaire
die Presse	la presse
pressen	presser
der Preuße, -in	le Prussien, la Prussienne
preußisch	prussien, prussienne
die Primadonna	la prima donna
primär	primaire
primitiv *(einfach* abwertend)	primitif, primitive
der Prinz	le prince
die Prinzessin	la princesse
das Prinzip	le principe
der Prinzipal	principal, principale
prinzipiell	par principe
der Prinzregent	le prince régent
der Prior	le prieur
die Priorität	la priorité
die Prise	la prise
das Prisma	le prisme
privat	privé ; particulier, particulière
das Privileg	le privilège
privilegieren	privilégier
das Problem	le problème
die Problematik	le caractère problématique, la problématique

Der gemeinsame Wortschatz DEUTSCH-FRANZÖSISCH

problematisch	problématique
das Produkt	le produit
die Produktion	la production
produktiv	productif, productive
die Produktivität	la productivité
der Produzent	le producteur
produzieren	produire
profan	profane
der Professor	le professeur
das Profil	le profil
profiliert	profilé, profilée
profilieren	profiler
das Programm	le programme
programatisch	programatique
programmieren	programmer
der Programmierer	le programmeur
progressiv	progressif, progressive
das Projekt	le projet
projektieren	projeter
die Projektion	la projection
projizieren	projeter
die Proklamation	la proclamation
proklamieren	proclamer
die Prokura	la procuration
das Proletariat	le prolétariat
der Proletarier	le prolétaire
proletarisch	prolétarien, prolétarienne
der Prolog	le prologue
die Promenade	la promenade
promenieren	se promener
die Promotion	la promotion
prompt	prompt
das Pronomen	le pronom
pronominal	pronominal, pronominale
die Propaganda	la propagande
das Propangas	le propane
der Prophet	le prophète
prophetisch	prophétique
prophezeien	prophétiser
die Prophezeiung	la prophétie
prophylaktisch	prophylactique
die Proportion	la proportion
proportional	proportionnel, proportionnelle
proportioniert	proportionné, proportionnée
die Prosa	la prose
prosaisch	prosaïque
der Prospekt	le prospectus
die Prostata	la prostate

Der gemeinsame Wortschatz *DEUTSCH-FRANZÖSISCH*

prostituieren	se prostituer
die Prostituierte	la prostituée
die Prostitution	la prostitution
die Protektion	la protection
das Protektorat	le protectorat
der Protest	la protestation
der Protestant,-in	le protestant, la protestante
protestantisch	protestant, protestante
der Protestantismus	le protestantisme
protestieren	protester
die Protestnote	la note de protestation
die Prothese	la prothèse
das Protokoll	le protocole
der Prototyp	le prototype
das Proviant	les provisions
die Provinz	la province
provinziell	provincial, provinciale
der Provinzler, -in	le provincial, la provinciale
provisorisch	provisoire
das Provisorium	le provisoire
das Prozent	le pour-cent
der Prozentsatz	le pourcentage
der Prozess	le procès, le processus
die Prozession	la procession
prüde	prude
der Psalm	le psaume
der Psalmist	le psalmiste
das Pseudonym	le pseudonyme
pseudonym	pseudonyme
der Psychiater	le psychiatre
die Psychiatrie	la psychiatrie
psychiatrisch	psychiatrique
psychisch	psychique
die Psychoanalyse	la psychanalyse
der Psychoanalytiker	le psychanalyste/le psy
der Psychologe	le psychologue
die Psychologie	la psychologie
psychologisch	psychologique
der Psychopath	le psychopathe
die Psychose	la psychose
die Psychotherapie	la psychothérapie
die Pubertät	la puberté
publik (machen)	(rendre) public
die Publikation	la publication
das Publikum	le public
publizieren	publier
der Publizist *(Journalist)*	le publiciste *(juriste de droit public/publicitaire)*
der/das Puder	la poudre

Der gemeinsame Wortschatz DEUTSCH-FRANZÖSISCH

pudern	poudrer
puh !	peuh ! pouah !
der Pulli	le pull
der Pullover	le pull-over
der Puls	le pouls
das Pulver	la poudre
pulverisieren	pulvériser
der Puma	le puma
die Pumpe	la pompe
pumpen	pomper
der Punkt	le point
punktieren	pointiller
pünktlich	ponctuel, ponctuelle
die Pünktlichkeit	la ponctualité
der Punch	le punch
der Punsch	le punch
die Pupille	la pupille
die Puppe	la poupée
pur	pur, pure
das Püree	la purée
der Puritaner, -in	le puritain, la puritaine
der Purpur	la pourpre
purpurrot	pourpre
die Pustel	la pustule
der Putsch	le putsch
der Putschist	le putschiste
die Putte	le putto
das Puzzle	le puzzle
der Pygmäe	le pygmée
der (das) Pyjama	le pyjama
die Pyramide	la pyramide
pyramidenförmig	pyramidal, pyramidale
die Pyrotechnik	la pyrotechnie
der Pyrotechniker	le pyrotechnicien
pyrotechnisch	pyrotechnique
pythagoreisch	(du théorème) de Pythagore
die Pythonschlange	le python

Q

der Quadrant	le quart de cercle
das Quadrat	le carré
quadratisch	carré, carrée, quadratique
der Quadratkilometer	le kilomètre carré
die Quadratur	la quadrature
die Quadriga	le quadrige
der Quäker	le quaker, la quakeresse

Der gemeinsame Wortschatz *DEUTSCH-FRANZÖSISCH*

die Qualification	la qualification
qualifizieren	qualifier
die Qualität	la qualité
qualitativ	qualitatif, qualitative
das Quant	le quantum, les quanta
die Quantentheorie	la théorie des quanta
die Quantität	la quantité
quantitativ	quantitatif, quantitative ; quantitativement
das Quantum	la quantité, la part, la portion
die Quarantäne	la quarantaine
die Quarte/die Quart	la quarte
das Quartett	le quartette, le quartet
das Quartier *(casernement)*	le quartier
der Quarz	le quarz
quasi	quasi
die Quinte	la quinte
die Quintessenz	la quintessence
das Quintett	le quintette
quittieren	acquitter, quitter, donner une quittance
die Quittung	la quittance
das Quiz	le quiz
die Quote	la quote-part, le quota, la cote
der Quotient	le quotient
quotieren	coter

R

der Rabatt	le rabais
der Rabbi	le rabbi
der Rabbiner	le rabbin
die Rachitis	le rachitisme
rachitisch	rachitique
der/das Radar	le radar
der Radi	le radis
der Radiator	le radiateur
das Radieschen	le radis
radikal	radical, radicale
das Radio	la radio
radioaktiv	radioactif, radioactive
die Radioaktivität	la radioactivité
der Radioapparat	la radio
das Radiogerät	la radio
die Radiologie	la radiologie
der Radioreporter	le radioreporter
die Radiotelegrafie	la radiotélégraphie
das Radium	le radium
die Raffinerie	la raffinerie

Der gemeinsame Wortschatz DEUTSCH-FRANZÖSISCH

die Raffinesse	le raffinement
raffinieren	raffiner
raffiniert *(gereinigt)*	raffiné, raffinée
das Ragout	le ragoût
die Rampe	la rampe
der Rang	le rang
ranzig	rance
der Rap	le rap
das Rapier	la rapière
rar	rare
rasant *(schnell)*	rasant, rasante *(ennuyeux)*
die Raserei	la rage
der Rasierapparat	le rasoir
rasieren	se raser
die Rasierkrem	la crème à raser
die Räson	la raison
räsonieren	raisonner
die Raspel	la râpe
raspeln	râper
die Rasse	la race
die Rassendiskriminierung	la discrimination raciale
rassig	racé, racée ; de race
rassisch	racial, raciale
die Ratifikation	la ratification
ratifizieren	ratifier
die Ration	la ration
rational	rationnel, rationnelle
rationalisieren	rationaliser
die Rationalisierung	la rationalisation
der Rationalismus	le rationalisme
der Rationalist	le rationaliste
rationalistisch	rationaliste
rationell	rationnel, rationnelle
rationieren	rationner
die Rationierung	le rationnement
rätoromanisch	le rhéto-roman, le romanche
die Ratte	le rat, la ratte
die Razzia	la razzia
reagieren	réagir
die Reaktion	la réaction
reaktionär	réactionnaire
der Reaktionär	le réactionnaire
der Reaktor	le réacteur
real	réel, réelle
realisieren	réaliser
der Realismus	le réalisme
der Realist	le, la réaliste
realistisch	réaliste

Der gemeinsame Wortschatz DEUTSCH-FRANZÖSISCH

die Realität	la réalité
der Rebell	le, la rebelle
rebellieren	se rebeller
die Rebellion	la rébellion
rebellisch	rebelle
der Redakteur, der Redaktor	le rédacteur
die Redaktion	la rédaction
redaktionell	rédactionnel, rédactionnelle
redigieren	rédiger
reduzieren	réduire
reell	réel, réelle
die Referenz	la référence
reflektieren	réfléchir, refléter
der Reflektor	le réflecteur
der Reflex	le reflet, le réflexe
die Reflektion	la réflexion
reflexiv	réfléchi, réfléchie
die Reform	la réforme
die Reformation	la Réforme
der Reformator	le réformateur
reformieren	réformer
reformiert	réformé, réformée
der Reformierte	le réformé
der Refrain	le refrain
die Regatta	la régate
die Regel	la règle
regeln	régler, réglementer, régulariser
die Regelung	le règlement, la réglementation
regenerieren	régénérer
die Regenerierung	le régénération
der Regent, -in	le régent, la régente
die Regie	la régie
regieren	régir, gouverner
die Regierung	le règne, le gouvernement
das Regime	le régime
das Regiment	le régiment
die Region	la région
regional	régional, régionale
der Regisseur	le régisseur
das Register	le registre
registrieren	enregistrer
das Reglement	le règlement
der Regler	le régulateur
regulär	régulier, régulière
regulierbar	réglable
regulieren	régulariser, régler
die Regulierung	le réglage, la régulation
rehabilitieren	réhabiliter

Der gemeinsame Wortschatz DEUTSCH-FRANZÖSISCH

die Rehabilitierung	la réhabilitation
der Reim	la rime
reimen	mettre en rime, rimer
der Reis	le riz
die Reklamation	la réclamation
die Reklame	la réclame, la publicité
reklamieren	réclamer
rekonstruieren	reconstituer, reconstruire
die Rekonstruktion	la reconstitution, la reconstruction
der Rekonvaleszent,-in	le convalescent, la convalescente
die Rekonvaleszenz	la convalescence
der Rekord	le record
der Rekrut	la recrue
rekrutieren	recruter, faire des recrutements
die Rekrutierung	le recrutement
der Rektor	le recteur
das Rektorat	le rectorat
relativ	relatif, relative
das Relativpronomen	le pronom relatif
das Relief	le relief
die Religion	la religion
religiös	religieux, religieuse
die Religiosität	le religiosité
die Reliquie	la relique
die Remise	la remise
das Ren	le renne
renovieren	rénover
rentabel	rentable
die Rentabilität	la rentabilité
die Rente	la rente
rentieren	rapporter, être rentable
der Rentner, -in	le rentier, la rentière, le retraité, la retraitée
die Reorganisation	la réorganisation
die Reparatur	la réparation
reparieren	réparer
repatriieren	rapatrier
die Reportage	le reportage
der Reporter	le reporter
der Repräsentant, -in	le représentant, la représentante
repräsentieren	représenter
die Repressalien	les représailles
die Reproduktion	la reproduction
reproduzieren	reproduire
das Reptil	le reptile
die Republik	la république
der Republikaner, -in	le républicain, la républicaine
republikanisch	républicain, républicaine
das Requiem	le requiem

Der gemeinsame Wortschatz *DEUTSCH-FRANZÖSISCH*

requirieren	réquisitionner
die Requisition	la réquisition
die Reseda	le réséda
die Reserve	la réserve
reservieren	réserver
reserviert	réservé, réservée
das Reservoir	le réservoir
die Residenz	la résidence
residieren	résider
resignieren	se résigner
resolut	résolu, résolue
die Resonanz	la résonance
der Respekt	le respect
respektabel	respectable
respektieren	respecter
das Ressort	le ressort
der Rest	le reste
das Restaurant	le restaurant
der Restaurator	le restaurateur
restaurieren	restaurer
das Resultat	le résultat
retuschieren	retoucher
die Revanche	la revanche
sich revanchieren	prendre sa revanche
die Reverenz	la révérence
das Revers	le revers
revidieren	réviser
die Revision	la révision
der Revisor	le réviseur
die Revolte	la révolte
revoltieren	se révolter
die Revolution	la révolution
der Revolutionär	le révolutionnaire
revolutionär	révolutionnaire
der Revolver	le revolver
die Revue	la revue
das Rezept	la recette
reziprok	réciproque
das Rezitativ	le récitatif
rezitieren	réciter
der Rhabarber	la rhubarbe
die Rhapsodie	la r(h)apsodie
rheinisch	rhénan, rhénane
der Reinländer, -in	le Rhénan, la Rhénane
der Rhesusfaktor	le facteur rhésus
die Rhetorik	la rhétorique
rhetorisch	rhétorique
das Rheuma	le rhumatisme

Der gemeinsame Wortschatz *DEUTSCH-FRANZÖSISCH*

rheumatisch	rhumatismal, rhumatismale
der Rheumatismus	le rhumatisme
das Rhinozeros	le rhinocéros
der (das) Rhododendron	le rhododendron
rhythmisch	rythmique
der Rhythmus	le rythme
rigoros	rigoureux, rigoureuse
das Risiko	le risque
riskant	risqué, risquée
riskieren	risquer
das Ritual	le rituel
rituell	rituel, rituelle
der Ritus	le rite
der Rivale, -in	le rival, la rivale
rivalisieren	rivaliser
die Rivalität	la rivalité
die Robe	la robe
der Roboter	le robot
robust	robuste
rochieren (Schach)	roquer (échecs)
das Rokoko	le rococo
die Rolle	le rôle
rollen	rouler
der Roman	le roman
die Romanik	le style roman
der Romanist	le romaniste
die Romanistik	l'étude des langues romanes
die Romanliteratur	la littérature romanesque
die Romantik	le romantisme
der Romantiker	le romantique
romantisch	romantique
die Romanze	la romance
der Römer, -in	le Romain, la Romaine
römisch	romain, romaine
rosa	rose
die Rose	la rose
die Rosette	la rosette, la rosace
rosig	rose, rosé
die Rosine	le raisin sec
der Rosmarin	le romarin
die Rotation	la rotation
rotierend	rotatif, rotative
der Rotor	le rotor
die Roulade	la roulade
das Roulett	la roulette
die Routine	la routine
der Royalist,-in	le royaliste, la royaliste
der Rubel	le rouble

Der gemeinsame Wortschatz DEUTSCH-FRANZÖSISCH

der Rubin	le rubis
die Rubrik	la rubrique
das Rugby	le rugby
der Ruin	la ruine
die Ruine	la ruine
ruinieren	ruiner
der Rum	le rhum
der Rumäne, -in	le Roumain, la Roumaine
rumänisch	roumain, roumaine
das Rumpsteak	le romsteck/rumsteck
rund	rond, ronde
die Runde	la ronde
die Rune	la rune
die Rüsche	la ruche, le ruché
der Russe, -in	le, la Russe
russisch	russe
rustikal	rustique

S

der Saal	la salle
der Saarländer, -in	le Sarrois, la Sarroise
saarländisch	sarrois, sarroise
der Sabbat	le sabbat
der Säbel	le sabre
die Sabotage	le sabotage
der Saboteur	le saboteur
sabotieren	saboter
das Saccharin	la saccharine
der Sachse,	le Saxon
die Sächsin	la Saxonne
sächsisch	saxon, saxonne
der Sack	le sac
der Sadismus	le sadisme
der Sadist	le sadique
sadistisch	sadique
die Safari	le safari
der Safran	le safran
die Saison	la saison
sakral	sacré, sacrée
das Sakrament	le sacrement
sakramental	sacramentel, -le
das Sakrileg, das Sakrilegium	le sacrilège
der Sakristan	le sacristain
die Sakristei	la sacristie
der Salamander	la salamandre
die Salami	le salami

Der gemeinsame Wortschatz DEUTSCH-FRANZÖSISCH

der Salat	la salade
saldieren	solder
der Saldo	le solde
die Saline	la saline
die Salmonellen	les salmonelles
der Salon	le salon
der Salpeter	le salpêtre
der Salto	le saut
der Salut	le salut
salutieren	saluer
die Salve	la salve
der Samariter	le Samaritain, la -e
das Sanatorium	le sanatorium
die Sandale	la sandale
der Sanguiniker	le tempérament sanguin
sanieren	assainir
sanitär	sanitaire
die Sanktion	la sanction
sanktionieren	sanctionner
der Saphir	le saphir
die Sardine	la sardine
der Sardinier, -in	le, la Sarde
der Sarkasmus	le sarcasme
sarkastisch	sarcastique
der Sarkophag	le sarcophage
der Satan	Satan
satanisch	satanique
der Satellit	le satellite
der Satin	le satin
die Satire	la satire
der Satiriker	le satirique
satirisch	satirique
die Satisfaktion	la satisfaction
saturieren	saturer
der Satyr	le satyre
die Sauna	le sauna
die Savanne	la savane
der Saurier	le dinosaure
das Saxophon/Saxofon	le saxophone
der Schach	les échecs
das Schafott	l'échafaud
der Schakal	le chacal
der Schal	le châle, une écharpe, un cache-nez, un foulard
die Schalmei	le chalumeau
die Schaluppe	la chaloupe
die Schamotte	la chamotte
der Scharlatan	le charlatan
das Scharnier	la charnière

Der gemeinsame Wortschatz *DEUTSCH-FRANZÖSISCH*

die Schärpe	l'écharpe
der Scheck	le chèque
der Scheich	le cheik/cheikh
das Schema	le schéma
schematisch	schématique
schematisieren	schématiser
der Schi	le ski
der Schick	le chic
schick	chic
die Schikane	la chicane
schikanieren	chicaner
schikanös	chicaneur, chicaneuse
die Schimäre	la chimère
der Schimpanse	le chimpanzé
das Schisma	le schisme
der Schismatiker	le schismatique
schismatisch	schismatique
schizoid	schizoïde
schizophren	schizophrène
die Schizophrenie	la schizophrénie
der Schlesier, -in	le Silésien, la Silésienne
schlesisch	silésien, silésienne
der Schnauzer (Hund)	le schnauzer
der Schnorchel	le schnorkel, le schnorchel
der Schock	le choc
schockieren	choquer
die Schokolade	le chocolat
die Scholastik	la scolastique
der Scholastiker	le scolastique
scholastisch	scolastique
der Schoppen	la chope, la chopine
das Schrapnell	le shrapnel/shrapnell
der Schwabe	le Souabe
die Schwäbin	la Souabe
schwäbisch	souabe
der Schwede, -in	le Suédois, la Suédoise
schwedisch	suédois, suédoise
das Sediment	le sédiment
sedimentär	sédimentaire
das Segment	le segment
der Seismograph	le séismographe/sismographe
die Sekante	la sécante
das Sekret	la substance sécrétée
der Sekretär	le secrétaire
das Sekretariat	le secrétariat
die Sekretärin	la secrétaire
die Sekte	la secte
die Sektion	la section

Der gemeinsame Wortschatz *DEUTSCH-FRANZÖSISCH*

der Sektor	le secteur
die Sekunda	la classe de seconde
der Sekundant	le second
sekundär	secondaire
die Sekunde	la seconde
sekundieren	servir de second à qn
das Selen	le sélénium
der Sellerie	le céleri
das Semester	le semestre
das Seminar	le séminaire
die Semiotik	la sémiotique
der Semit, -in	le, la Sémite
semitisch	sémitique
der Senat	le sénat
senil	sénile
senior	senior
die Sensation (Ereignis)	la sensation
sensationell	sensationnel
die Sensationspresse	la presse à sensation
sensibel	sensible
die Sensibilität	la sensibilité
die Sentenz	la sentence
sentimental	sentimental, sentimentale
die Sentimentalität	la sentimentalité
separat	séparé, séparée
der Separatismus	le séparatisme
der Separatist	le séparatiste
der September	le septembre
septisch	septique
das Serail	le sérail
der Serbe, -in	le, la Serbe
die Serenade	la sérénade
die Serie	la série
seriös	sérieux, sérieuse
das Serum	le sérum
das Service	le service
der Service	le service
servieren	servir
die Serviette	la serviette
der Sex	le sexe
der Sex-Appeal	le sex-appeal
die Sexualität	la sexualité
sexuell	sexuel, sexuelle
der Siamese, -in	le Siamois, la Siamoise
siamesisch	siamois, siamoise
sibirisch	sibérien, sibérienne
das Signal	le signal
signalisieren	signaliser

Der gemeinsame Wortschatz *DEUTSCH-FRANZÖSISCH*

die Signatur	la signature, le signe, la cote
signieren	signer
die Silbe	la syllabe
die Silhouette	la silhouette
das Silikat	le silicate
der/das Silo	le silo
Silvester	la Saint-Sylvestre
der Simulant, -in	le simulateur, la simulatrice
simulieren	simuler
simultan	simultané, simultanée
die Sinfonie	la symphonie
sinfonisch	symphonique
der Singular	le singulier
der Sinologe	le sinologue
die Sinologie	la sinologie
der Sinus	le sinus
die Sirene	la sirène
der Sirup	le sirop
die Situation	la situation
der Sizilianer, -in	le Sicilien, la Sicilienne
der Skalp	le scalp
das Skalpell	le scalpel
skalpieren	scalper
der Skandal	le scandale
skandalös	scandaleux, scandaleuse
skandieren	scander
der Skandinavier, -in	le, la Scandinave
scandinavisch	scandinave
das Skelett	le squelette
die Skepsis	le scepticisme
der Skeptiker, -in	le, la sceptique
skeptisch	sceptique
der Sketch/Sketsch	le sketch
der Ski	le ski
die Skizze	l'esquisse
skizzieren	esquisser
der Sklave, -in	l'esclave
die Sklaverei	l'esclavage
die Sklerose	la sclérose
der/das Skonto	l'escompte
der Skorbut	le scorbut
der Skorpion	le scorpion
skrofulös	scrofuleux, scrofuleuse
der Skrupel	le scrupule
die Skulptur	la sculpture
der Slalom	le slalom
der Slawe, -in	le, la Slave
slawisch	slave

Der gemeinsame Wortschatz DEUTSCH-FRANZÖSISCH

der Slawist, -in	le slavisant, la slavisante
der Slip	le slip
der Slowake, -in	le, la Slovaque
slowakisch	slovaque
der Slowene, -in	le, la Slovène
slowenisch	slovène
der Smoking	le smoking
der Snob	le snob
der Snobismus	le snobisme
das Söckchen	la socquette
der Sockel	le socle
die Soda	la soude
das Soda	le soda
das Sofa	le sofa
die Soja	le soja
der Sold	la solde
der Soldat	le soldat
solidarisch	solidaire
solid(e)	solide
die Solidität	la solidité
der Solist, -in	le, la soliste
das Solo	le solo
solvent	solvable
die Solvenz	la solvabilité
die Sonate	la sonate
die Sonde	la sonde
sondieren	sonder
das Sonett	le sonnet
der Sophist	le, la sophiste
sophistisch	sophistique
der Sopran, die Sopranistin	le soprano
die Sorte	la sorte
sortieren	assortir
das Sortiment	l'assortiment
die Soße	la sauce
das SOS-Signal	le signal S.O.S.
der Souffleur,-euse	le souffleur, la souffleuse
soufflieren	souffler
souverän	souverain, souveraine, souverainement
die Souveränität	la souveraineté
der Sowjet	le soviet
sowjetisch	soviétique
der Soziologe, -in	le, la sociologue
die Soziologie	la sociologie
soziologisch	sociologique
die Spaghetti	les spaghetti
das Spalier	l'espalier
der Spanier, -in	l'Espagnol, l'Espagnole

Der gemeinsame Wortschatz *DEUTSCH-FRANZÖSISCH*

spanisch	espagnol, espagnole
der Spargel	l'asperge/les asperges
spartanisch	spartiate
der Spat	le spath
das Spektakel	le spectacle
die Spektralanalyse	l'analyse spectrale
das Spektrum	le spectre
der Spekulant	le spéculateur
die Spekulation	la spéculation
spekulativ	spéculatif, spéculative
spekulieren	spéculer
das Sperma	le sperme
spezial	spécial, spéciale
spezialisieren	spécialiser
der Spezialist,-in	le, la spécialiste
die Spezialität	la spécialité
speziell	spécial, spéciale
spezifisch	spécifique
die Sphäre	la sphère
sphärisch	sphérique
die Sphinx	le sphinx
der Spinat	l'épinard, les épinards
das Spinett	l'épinette
der Spion, in	l'espion, l'espionne
die Spionage	l'espionnage
spionieren	espionner
die Spirale	la spirale
der Spiritismus	le spiritisme
der Spiritist	le spirite
spiritistisch	spirite
die Spirituosen	les spiritueux
das Spital	l'hôpital
spontan	spontané, spontanée ; spontanément
sporadisch	sporadique
die Spore	la spore
der Sport	le sport
der Sportler, -in	le sportif, la sportive
sportlich	sportif, sportive
die Sportlichkeit	la sportivité
der/das Spray	le spray
der Sprint	le sprint
sprinten	sprinter
der Sprinter	le sprinter
der Staat	l'État
stabil	stable
stabilisieren	stabiliser
die Stabilisierung	la stabilisation
die Stabilität	la stabilité

Der gemeinsame Wortschatz *DEUTSCH-FRANZÖSISCH*

das Stadion	le stade
die Stafette	l'estafette
die Stagnation	la stagnation
stagnieren	stagner
der Standard	le standard
standardisieren	standardiser
die Standardisierung	la standardisation
die Stanze	la stance, l'estampe
der Star	la star
die Statik	la statique
die Station	la station
stationär	stationnaire
stationieren	stationner
statisch	statique
die Statistik	la statistique
statistisch	statistique
die Statue	la statue
die Statur	la stature
der Status	l'état, le statut
der Status quo	le statu quo
das Statut	le statut, les statuts
das Steak	le bifteck
das Stearin	la stéarine
der Stempel *(Warenstempel)*	l'estampille *(marque sur objet d'art/ produit industriel)*
der Stenograf,-in	le, la sténographe
die Stenografie	la sténographie
stenografieren	sténographier
stenographisch	sténographique
das Stenogramm	le sténogramme
die Steppe	la steppe
die Stereometrie	la stéréométrie
die Stereophonie/Stereofonie	la stéréophonie
das Stereoskop	le stéréoscope
stereotyp	stéréotypé
die Steréotypie	la stéréotypie
steril	stérile
die Sterilisation	la stérilisation
sterilisieren	stériliser
die Sterilität	la stérilité
der Steward	le steward
das Stigma	le stigmate
der Stil	le style
das Stilett	le stylet
stilisieren	styliser
der Stilist, -in	le, la styliste
die Stilistik	la stylistique
stilistisch	stylistique

Der gemeinsame Wortschatz DEUTSCH-FRANZÖSISCH

der Stoff	l'étoffe
der Stoiker	le stoïque
stoisch	stoïque
die Stola	l'étole
stopp!	stop!
stoppen	stopper
der Stratege	le stratège
die Strategie	la stratégie
strategisch	stratégique
die Stratosphäre	la stratosphère
der Stress	le stress
stressig	stressant
die Strophe	la strophe
die Struktur	la structure
das Strychnin	la strychnine
der Stuck	le stuc
der Stuckateur	le stucateur
der Student, -in	l'étudiant, l'étudiante
studentisch	estudiantin, estudiantine
die Studie	l'étude
studieren	étudier, faire ses études
das Studio (Aufnahmestudio)	le studio
das Studium	les études
subaltern	subalterne
das Subjekt	le sujet
subjektiv	subjectif, subjective
die Subjektivität	la subjectivité
das Sublimat	le sublimé
sublimieren	sublimer
subskribieren	souscrire
die Subskription	la souscription
das Substantiv	le substantif
substantivisch	substantif, substantive
die Substanz	la substance
substanziell	substantiel, substantielle
subtil	subtil, subtile
subtrahieren	soustraire
die Substraktion	la soustraction
subtropisch	subtropical, subtropicale
die Subvention	la subvention
subventionieren	subventionner
der Sudanese, -in	le Soudanais, la Soudanaise
sudanesisch	soudanais, soudanaise
der Süden	le sud
das Suffix	le suffixe
suggerieren	suggérer
die Suggestion	la suggestion
suggestiv	suggestif, suggestive

Der gemeinsame Wortschatz DEUTSCH-FRANZÖSISCH

das Sulfat	le sulfate
der Sultan	le sultan
das Sultanat	le sultanat
summarisch	sommaire
die Summe	la somme
summieren	faire la somme
der Superintendent *(ev. Geistl.)*	le surintendant (hist. *ministre des finances*)
der Superlativ	le superlatif
die Suppe	la soupe
suspendieren	suspendre
die Suspendierung	la suspension
das Symbol	le symbole
symbolisch	symbolique
die Symmetrie	la symétrie
symmetrisch	symétrique
die Sympathie	la sympathie
sympathisch	sympathique
sympathisieren	sympathiser
die Symphonie	la symphonie
symphonisch	symphonique
das Symptom	le symptôme
symptomatisch	symptomatique
die Synagoge	la synagogue
synchron/synchronisch	synchrone/synchronique
synchronisieren	synchroniser
das Syndikat (Verkaufskartell)	le syndicat (financier)
die Synode	le synode
synonym	synonyme
die Syntax	la syntaxe
die Synthese	la synthèse
synthetisch	synthétique
die Syphilis	la syphilis
der Syrer/Syrier, -in	le Syrien, la Syrienne
syrisch	syrien, syrienne
das System	le système
systematisch	systématique
die Szene	la scène
szenisch	scénique

T

der Tabak	le tabac
tabellarisch	sous forme de tableau
die Tabelle	la table, le tableau
tabu	tabou
der Tabulator	le tabulateur
die Tafel	la table, le tableau, le tableau noir

Der gemeinsame Wortschatz *DEUTSCH-FRANZÖSISCH*

der Taft	le taffetas
der Taifun	le typhon
die Taille	la taille
das Taktgefühl	le tact
die Taktik	la tactique
der Taktiker, -in	le tacticien, la tacticienne
taktisch	tactique
das Talent	le talent
der Taler	le thaler
der Talisman	le talisman
der Talk	le talc
die Talkshow	le talk-show
das Talkum	la poudre de talc
das Tamburin	le tambourin, le tambour
der Tampon	le tampon
das Tandem	le tandem
die Tangente	la tangente
der Tango	le tango
der Tank	le tank, la citerne
die Tante	la tante
der Tanz	la danse
tanzen	danser
das Tapet (etw aufs – bringen)	mettre qc sur le tapis
tapezieren	tapisser
der Tapezierer	le tapissier
die Tara	la tare
die Tarantel	la tarantule
der Tarif	le tarif
die Tasse	la tasse
tasten	tâter, tâtonner
tätowieren	tatouer
die Tätowierung	le tatouage
der Taxameter	le taximètre
die Taxe	la taxe
das Taxi	le taxi
taxieren	taxer
die Taxierung	la taxation
das Teakholz	le bois de teck, le teck/tek
die Technik	la technique
der Techniker, -in	le technicien, la technicienne
das Technikum	l'école technique
technisch	technique
die Technologie	la technologie
der Tee	le thé
das Teeservice	le service à thé
die Teetasse	la tasse à thé
das Telefon, das Telephon	le téléphone
der Telefonapparat	l'appareil téléphonique

telephonieren	téléphoner
telephonisch	téléphonique, par téléphone
der Telephonist, -in	le, la téléphoniste
die Telephonnummer	le numéro de téléphone
der Telegraf, der Telegraph	le télégraphe
die Telegrafie	la télégraphie
telegrafieren	télégraphier
telegrafisch	télégraphique, par télégramme
das Telegramm	le télégramme
das Teleobjektiv	le téléobjectif
die Telepathie	la télépathie
das Teleskop	le télescope
der Telex(dienst)	le service télex
der Tempel	le temple
das Temperament	le tempérament
die Temperatur	la température
temperieren	tempérer
das Tempo	le temps
temporal	de temps ; temporel, temporelle
temporär	temporaire
die Tendenz	la tendance
tendenziös	tendancieux, tendancieuse
das Tennis	le tennis
das Tennisturnier	le tournoi de tennis
der Tenor	la teneur
der Tenor	le ténor
der Teppich	le tapis
der Termin	le terme
die Terminologie	la terminologie
die Termite	le termite
das Terpentin	la térébenthine
das Terrain	le terrain
die Terrakotta	la terre cuite
das Terrarium	le terrarium
die Terrasse	la terrasse
die Terrine	la terrine
territorial	territorial, territoriale
die Territorialität	la territorialité
das Territorium	le territoire
der Terror	la terreur
der Terrorakt	l'acte de terreur
terrorisieren	terroriser
der Terrorist, -in	le, la terroriste
terroristisch	terroriste
tertiär	tertiaire
die Terz	la tierce
der Test	le test
das Testament	le testament

Der gemeinsame Wortschatz *DEUTSCH-FRANZÖSISCH*

testamentarisch	testamentaire, par testament
das Testat	l'attestation
der Testator	le testateur, la testatrice
testen	tester, attester, faire un teste
der Tetanus	le tétanos
das Tetraeder	le tétraèdre
der Text	le texte
die Textilien	les textiles
die Textilindustrie	l'industrie textile
das Theater	le théâtre
der Theaterabonnement	l'abonnement au théâtre
der Theaterkritiker	le critique théâtral
theatralisch	théâtral
das Thema	le thème
thematisch	thématique
der Theologe	le théologien
die Theologie	la théologie
theologisch	théologique
der Theoretiker	le théoricien
theoretisch	théorique
die Theorie	la théorie
der Therapeut, -in	le, la thérapeute
therapeutisch	thérapeutique
die Therapie	la thérapie
thermal	thermal, thermale
die Thermes	les thermes
thermisch	thermique
die Thermodynamik	la thermodynamique
der Thermometer	le thermomètre
thermonuklear	thermonucléaire
die Thermosflasche	le/la thermos
das Thermostat	le thermostat
die These	la thèse
die Thrombose	la thrombose
der Thron	le trône
thronen	trôner
der Thunfisch	le thon
Thüringen	la Thuringe
der Thüringer, -in	le Thuringien, la Thuringienne
thüringisch	thuringien, thuringienne
der Thymian	le thym
die Tiara	la tiare
der Tick	le tic
ticken	faire tic-tac
tick-tack	tic-tac
der Tiger	le tigre
die Tigerin	la tigresse
die Tilde	le tilde

Der gemeinsame Wortschatz DEUTSCH-FRANZÖSISCH

die Tinktur	la teinture
der Tiroler, -in	le Tyrolien, la Tyrolienne
der Titan(e)	le titan
der Titel	le titre
titulieren	intituler
der Toast	le toast
das Tohuwabohu	le tohu-bohu
die Toilette	la toilette
tolerant	tolérant, tolérante
die Toleranz	la tolérance
tolerieren	tolérer
die Tomate	la tomate
die Tombola	la tombola
der Ton	le ton
die Tonnage	le tonnage
die Tonne	le tonneau, la tonne
die Tonsur	la tonsure
der Topas	le topaze
die Topographie	la topographie
topographisch	topographique
topp !	tope !
der Tornado	la tornade
torpedieren	torpiller
der Torpedo	la torpille
der Torso	le torse
die Torte	la tarte
die Tortur	la torture
total	total, totale ; totalement
der Totalisator	le totalisateur
totalitär	totalitaire
die Tour	le tour
der Tourismus	le tourisme
der Tourist, -in	le, la touriste
die Touristenklasse	la classe touriste
die Tradition	la tradition
traditionell	traditionnel, traditionnelle ; traditionnellement
die Tragik	le tragique
der Tragiker	le tragédien, la tragédienne
tragikomisch	tragicomique
die Tragikomödie	la tragicomédie
tragisch	tragique
die Tragödie	la tragédie
der Trainer	l'entraîneur
trainieren	entraîner
das Training	l'entraînement
der Traktat	le traité, le tract
traktieren	traiter
der Traktor	le tracteur

das Trampolin	le tremplin
die Transaktion	la transaction
transatlantisch	transatlantique
der Transfer	le transfert
der Transformator	le transformateur
der Transistor	le transistor
der Transit	le transit
transitiv	transitif, transitive
transparent	transparent, transparente
transpirieren	transpirer
die Transplantation	la transplantation
transplantieren	transplanter
der Transport	le transport
transportabel	transportable
transportieren	transporter
das Trapez	le trapèze
das Treff (jeu de cartes)	le trèfle
das Trema	le tréma
der Tresor	le trésor
der Triangel	le triangle
der Tribun	le tribun
das Tribunal	le tribunal
die Tribüne	la tribune
der Tribut	le tribut
die Trichine	la trichine
der Trick	le truc
die Trigonometrie	la trigonométrie
trigonometrisch	trigonométrique
die Trikolore	le drapeau tricolore
das Trikot	le tricot
der Triller	le trille
trillern	triller
die Trillion	le trillion
die Trilogie	la trilogie
das Trimester	le trimestre
das Trio	le trio
der Triumph	le triomphe
triumphieren	triompher
Troja	Troie
trojanisch	troyen, troyenne
die Trompete	la trompette
die Tropen	les tropiques
das Tropenklima	le climat tropical
die Trophäe	le trophée
tropisch	tropical, tropicale
die Trüffel	la truffe
der Trupp	la troupe
der Trust	le trust

Der gemeinsame Wortschatz DEUTSCH-FRANZÖSISCH

der Tschako	le shako
der Tscheche, -in	le, la Tchèque
tschechisch	tchèque
tschechoslowakisch	tchécoslovaque
die Tube	le tube
der Tuberkel	le tubercule
der Tuberkelbazillus	le bacille de la tuberculose
tuberkulös	tuberculeux, tuberculeuse
die Tuberkulose	la tuberculose
der Tüll	le tulle
die Tulpe	la tulipe
der Tumor	la tumeur
der Tumult	le tumulte
der Tunesier, -in	le Tunésien, la Tunésienne
die Tunika	la tunique
der Tunnel	le tunnel
der Turban	le turban
die Turbine	la turbine
der Türke, die Türkin	le Turc, la Turque
die Türkei	la Turquie
der Türkis	la turquoise
türkisch	turque
türkisfarben	turquoise
der Turm	la tour
das Turnier	le tournoi
der Typ	le type
der Typhus	le typhus
typisch	typique
die Typographie/-f-	la typographie
typographisch/-f-	typographique
der Typus	le type
der Tyrann	le tyran
die Tyrannei	la tyrannie
tyrannisieren	tyranniser

U

der Ulan	l'uhlan
die Ulme	l'orme, l'ormeau
ultimativ	ultimatif, ultimative
das Ultimatum	l'ultimatum
der Ungar, -in	le Hongrois, la Hongroise
ungarisch	hongrois, hongroise
die Uniform	un uniforme
uniformieren	uniformiser, faire revêtir d'uniforme
die Uniformierung	l'uniformisation
das Unikum	la chose unique

Der gemeinsame Wortschatz *DEUTSCH-FRANZÖSISCH*

die Union	l'union
universal	universel, universelle
die Universität	l'université
die Universitätsbibliothek	la bibliothèque universitaire
der Universitätsprofessor	le professeur à l'université/d'université
das Universum	l'univers
die Unze	l'once
das Uran	l'uranium
der Urin	l'urine
urinieren	uriner
die Urne	l'urne
der Urologe	l'urologue
der Usurpator	l'usurpateur
usurpieren	usurper
der Usus	l'usage
die Utensilien	les ustensiles
die Utopie	l'utopie
utopisch	utopique
der Utopist	l'utopiste

V

der Vagabund	le vagabond
vagabundieren	vagabonder
vage	vague
die Vagina	le vagin
vakant	vacant, vacante
die Vakanz	la vacance
das Vakzin	le vaccin
das Vakuum	le vide
die Valenz	la valence
die Valuta	la valeur
der Vamp	la vamp
der Vampir	le vampire
der Vandale/Wandale	le vandale
die Vanille	la vanille
variabel	variable
die Variante	la variante
die Variation	la variation
das Varieté/Varietee	le théâtre des variétés
variieren	varier
der Vasall	le vassal
die Vase	le vase
die Vaseline	la vaseline
der Vegetarier,-in	le végétarien, la végétarienne
vegetarisch	végétarien, végétarienne
die Vegetation	la végétation

Der gemeinsame Wortschatz DEUTSCH-FRANZÖSISCH

vegetativ	végétatif, végétative
vegetieren	végéter
vehement	véhément
das Vehikel	le véhicule
die Vene	la veine
venerisch	vénérien, vénérienne
Venezolaner, -in	le Vénézuélien, la Vénézuélienne
venös	veineux, veineuse
die Ventilation	la ventilation
der Ventilator	le ventilateur
ventilieren	ventiler
die Veranda	la véranda
das Verb	le verbe
verbal	verbal, verbale
der Vers	le vers, le verset
versiert	versé, versée
vertikal	vertical, verticale
die Vesper	les vêpres
das Vestibül	le vestibule
der Veteran	le vétéran
veterinär	vétérinaire
das Veto	le veto
der Viadukt	le viaduc
vibrieren	vibrer
die Videokassette	la vidéocassette
der Vikar	le vicaire
die Villa	la villa
die Viola	la viole
violett	violet, violette
die Violine	le violon
der Violonist, -in	le, la violoniste
das Violinkonzert	le concert pour violon
das Violoncello	le violoncelle
die Viper	la vipère
virtuell	virtuel, virtuelle
der Virtuose	le virtuose
die Virtuosität	la virtuosité
das, der Virus	le virus
das Visier *(Zielvorrichtung)*	la visière *(abrite les yeux)*
visieren	viser
die Vision	la vision
der Visionär	le visionnaire
die Visite	la visite
die Visitenkarte	la carte de visite
das Visum	le visa
das Vitamin	la vitamine
das Vitriol	le vitriol
vivat !	vivat !

Der gemeinsame Wortschatz DEUTSCH-FRANZÖSISCH

der Vizekanzler	le vice-chancelier
der Vizepräsident	le vice-président
die Vokabel	le vocable
das Vokabular	le vocabulaire
der Vokal	la voyelle
vokalisch	vocal, vocale
die Vokalmusik	la musique vocale
der Volleyball	le volley-ball
das Volt	le volt
das Voltmeter	le voltmètre
der Volontär	le volontaire
das Volumen	le volume
voluminös	volumineux, volumineuse
das Votum	le vote
vulgär	vulgaire
der Vulkan	le volcan
die Vulkanfiber	la fibre vulcanisée
die Vulkanisation	la vulcanisation
vulkanisch	volcanique
vulkanisieren	vulcaniser
der Vulkanismus	le volcanisme

W

der Waggon/Wagon	le wagon
die Walküre	la Walkyrie
der Walzer	la valse
der Wandale	le vandale
der Wandalismus	le vandalisme
das Watt	le watt
der Wein	le vin
der Wermut	le vermouth
der Whisky	le whisky
die Woge	la vague
das Wolfram	le wolfram
der Württemberger, -in	le Wurtembergeois, la Wurtembergeoise
württembergisch	wurtembergeois, wurtembergeoise

X – Y

die x-Achse	l'axe des x [un axe !]
der Xylograph/Xylograf	le xylographe
das Xylophon	le xylophone
die y-Axe	l'axe des y
der Yak	le yack/le yak
die Yacht	le yacht [Ausprache : jot]

Der gemeinsame Wortschatz *DEUTSCH-FRANZÖSISCH*

der Yankee	le yankee
der (das) Yoghurt	le yaourt/le yogourt

Z

der Zander	le sandre
der Zar, die Zarin	le tsar, la tsarine
die Zäsur	la césure
das Zebra	le zèbre
die Zeder	le cèdre
zedieren	céder, faire cession de
die Zelle	la cellule
das Zellophan	le cellophane
das Zelluloid	le celluloïd
die Zellulose	la cellulose
der Zement	le ciment
zementieren	cimenter
der Zenit	le zénith
zensieren	censurer
der Zensor	le censeur
die Zensur	la censure
der Zentaur	le centaure
der (das) Zentimeter	le centimètre
zentral	central, -e, -aux
die Zentrale	la centrale
zentralisieren	centraliser
die Zentralisierung	la centralisation
die Zentrifuge	la centrifugeuse
zentrisch	central, centrale
das Zentrum	le centre
der Zephir	le zéphyr
der Zeppelin	le zeppelin
das Zepter	le sceptre
der Zerberus	le cerbère
die Zeremonie	la cérémonie
das Zeremoniell	le cérémonial
zeremoniell, zeremoniös	cérémonieux, cérémonieuse
die Zervelatwurst	le cervelas
die Zichorie	la chicorée
die Ziffer	le chiffre
die Zigarette	la cigarette
das Zigarettenetui	l'étui à cigarettes
das Zigarettenpapier	le papier à cigarettes
die Zigarre	le cigare
der Zigeuner, -in	le, la tzigane
die Zikade	la cigale
die Zimbel	la cymbale

Der gemeinsame Wortschatz *DEUTSCH-FRANZÖSISCH*

das Zink	le zinc
der Zinnober	le cinabre
der Zionismus	le sionisme
der Zionist, -in	le, la sioniste
zionistisch	sioniste
der Zirkel	le cercle
zirkular	circulaire
die Zirkulation	la circulation
zirkulieren	circuler
der Zirkumflex	l'accent circonflexe
der Zirkus	le cirque
die Ziselierarbeit	la ciselure
ziselieren	ciseler
die Zisterne	la citerne
die Zitadelle	la citadelle
das Zitat	la citation
die Zither	la cithare
zitieren	citer
das Zitronat	le citronat
die Zitrone	le citron
die Zitronenlimonade	la citronnade
die Zitronenpresse	le presse-citron
zivil	civil, civile
die Zivilcourage	le courage civique
die Zivilisation	la civilisation
zivilisieren	civiliser
der Zivilist	le civil
das (der) Zölibat	le célibat
die Zone	la zone
der Zoo	le zoo
der Zoologe	le zoologue
die Zoologie	la zoologie
zoologisch	zoologique
das Zyan	le cyanogène
das Zyankali	la cyanure de potassium
zyklisch	cyclique
der Zyklon	le cyclone
zyklopisch	cyclopéen, -ne
das Zyklotron	le cyclotron
der Zyklus	le cycle
der Zylinder	le cylindre
der Zyniker	le cynique
zynisch	cynique
der Zynismus	le cynisme
die Zypresse	le cyprès
die Zyste	le kyste

Wortschatz Lernen Französisch – WLF

herausgegeben von

Franz Josef Hausmann

Bisher erschienen:

SCHMIDT, Ulrike: *Wortschatz zum Verstehen: Französisch. Nützliches Wörterbuch für fortgeschrittene Lerner,* Aachen: Shaker 2005 (WLF 1) [738 Seiten].

HAUSMANN, Franz Josef: *Der undurchsichtige Wortschatz des Französischen. Lernwortlisten für Schule und Studium,* Aachen: Shaker 2005 (WLF 2).

DARLAU, Simone: *Der gemeinsame Wortschatz Deutsch-Französisch. Les mots partagés français-allemand. Unter Mitwirkung von Franz Josef Hausmann,* Aachen: Shaker 2005 (WLF 3).